TRANZLATY

El idioma es para todos

Taal is vir almal

El Manifiesto Comunista

Die Kommunistiese Manifes

Karl Marx
&
Friedrich Engels

Español / Afrikaans

Introducción
Inleiding

Un fantasma acecha a Europa: el fantasma del comunismo

'N Spook spook in Europa - die spook van kommunisme

Todas las potencias de la vieja Europa han entrado en una santa alianza para exorcizar este fantasma

Al die magte van die ou Europa het 'n heilige alliansie aangegaan om hierdie spook uit te dryf

El Papa y el Zar, Metternich y Guizot, los radicales franceses y los espías de la policía alemana

Pous en tsaar, Metternich en Guizot, Franse radikale en Duitse polisiespioene

¿Dónde está el partido en la oposición que no ha sido tachado de comunista por sus adversarios en el poder?

Waar is die party in opposisie wat nie deur sy teenstanders aan bewind as kommunisties afgemaak is nie?

¿Dónde está la Oposición que no haya devuelto el reproche de marca al comunismo contra los partidos de oposición más avanzados?

Waar is die Opposisie wat nie die handelsmerkverwyt van kommunisme, teen die meer gevorderde opposisiepartye, teruggeslinger het nie?

¿Y dónde está el partido que no ha hecho la acusación contra sus adversarios reaccionarios?

En waar is die party wat nie die beskuldiging teen sy reaksionêre teëstanders gemaak het nie?

Dos cosas resultan de este hecho

Twee dinge is die gevolg van hierdie feit

I. El comunismo es ya reconocido por todas las potencias europeas como una potencia en sí misma

I. Kommunisme word reeds deur alle Europese moondhede erken as 'n mag

II. Ya es hora de que los comunistas publiquen abiertamente, a la vista de todo el mundo, sus puntos de vista, sus objetivos y sus tendencias

II. Dit is hoog tyd dat kommuniste openlik, in die lig van die hele wêreld, hul sienings, doelstellings en neigings moet publiseer

deben hacer frente a este cuento infantil del Espectro del Comunismo con un Manifiesto del propio partido

hulle moet hierdie kleuterverhaal van die spook van kommunisme ontmoet met 'n manifes van die party self

Con este fin, comunistas de diversas nacionalidades se han reunido en Londres y han esbozado el siguiente Manifiesto

Vir hierdie doel het kommuniste van verskillende nasionaliteite in Londen vergader en die volgende manifes geskets

El presente manifiesto se publicará en inglés, francés, alemán, italiano, flamenco y danés

hierdie manifes moet in die Engelse, Franse, Duitse, Italiaanse, Vlaamse en Deense tale gepubliseer word

Y ahora se publicará en todos los idiomas que ofrece Tranzlaty

En nou moet dit gepubliseer word in al die tale wat Tranzlaty bied

La burguesía y los proletarios
Bourgeois en die Proletariërs

La historia de todas las sociedades existentes hasta ahora es la historia de las luchas de clases

Die geskiedenis van alle tot dusver bestaande samelewings is die geskiedenis van klassestryd

Hombre libre y esclavo, patricio y plebeyo, señor y siervo, maestro de gremio y oficial

Vryman en slaaf, patrisiër en plebejer, heer en slawe, gildemeester en reisgenoot

en una palabra, opresor y oprimido

in 'n woord, onderdrukker en onderdrukte

Estas clases sociales estaban en constante oposición entre sí

Hierdie sosiale klasse het voortdurend teen mekaar gestaan

Llevaron a cabo una lucha ininterrumpida. Ahora oculto, ahora abierto

hulle het 'n ononderbroke stryd gevoer. Nou weggesteek, nou oop

una lucha que terminó en una reconstitución revolucionaria de la sociedad en general

'n stryd wat óf geëindig het in 'n revolusionêre hersamestelling van die samelewing in die algemeen

o una lucha que terminó en la ruina común de las clases contendientes

of 'n geveg wat geëindig het in die gemeenskaplike ondergang van die strydende klasse

Echemos la vista atrás a las épocas anteriores de la historia

Kom ons kyk terug na die vroeëre tydperke van die geskiedenis

Encontramos casi en todas partes una complicada organización de la sociedad en varios órdenes

Ons vind byna oral 'n ingewikkelde rangskikking van die samelewing in verskillende ordes

Siempre ha habido una múltiple gradación de rango social

Daar was nog altyd 'n veelvuldige gradering van sosiale rang

En la antigua Roma tenemos patricios, caballeros, plebeyos, esclavos
In antieke Rome het ons patrisiërs, ridders, plebejers, slawe
en la Edad Media: señores feudales, vasallos, maestros de gremios, oficiales, aprendices, siervos
in die Middeleeue: feodale here, vasale, gildemeesters, reisgenote, vakleerlinge, slawe
En casi todas estas clases, de nuevo, las gradaciones subordinadas
In byna al hierdie klasse, weereens, ondergeskikte gradasies
La sociedad burguesa moderna ha brotado de las ruinas de la sociedad feudal
Die moderne bourgeoisie-samelewing het uit die ruïnes van die feodale samelewing ontstaan
Pero este nuevo orden social no ha eliminado los antagonismos de clase
Maar hierdie nuwe sosiale orde het nie weggedoen met klasse-antagonismes nie
No ha hecho más que establecer nuevas clases y nuevas condiciones de opresión
Dit het maar nuwe klasse en nuwe toestande van onderdrukking gevestig
Ha establecido nuevas formas de lucha en lugar de las antiguas
dit het nuwe vorme van stryd in die plek van die oues gevestig
Sin embargo, la época en la que nos encontramos posee un rasgo distintivo
Die tydperk waarin ons ons bevind, beskik egter oor een kenmerkende kenmerk
la época de la burguesía ha simplificado los antagonismos de clase
die tydperk van die bourgeoisie het die klasse-antagonismes vereenvoudig
La sociedad en su conjunto se divide cada vez más en dos grandes campos hostiles

Die samelewing as geheel verdeel al hoe meer in twee groot vyandige kampe

dos grandes clases sociales enfrentadas directamente: la burguesía y el proletariado

twee groot sosiale klasse wat direk teenoor mekaar staan: Bourgeoisie en Proletariaat

De los siervos de la Edad Media surgieron los burgueses de las primeras ciudades

Uit die slawe van die Middeleeue het die geoktrooieerde burgers van die vroegste dorpe ontstaan

A partir de estos burgueses se desarrollaron los primeros elementos de la burguesía

Uit hierdie burgers is die eerste elemente van die bourgeoisie ontwikkel

El descubrimiento de América y el doblamiento del Cabo

Die ontdekking van Amerika en die afronding van die Kaap

estos acontecimientos abrieron un nuevo terreno para la burguesía en ascenso

hierdie gebeure het vars grond oopgemaak vir die opkomende bourgeoisie

Los mercados de las Indias Orientales y China, la colonización de América, el comercio con las colonias

Die Oos-Indiese en Chinese markte, die kolonisasie van Amerika, handel met die kolonies

el aumento de los medios de cambio y de las mercancías en general

die toename in die ruilmiddele en in kommoditeite in die algemeen

Estos acontecimientos dieron al comercio, a la navegación y a la industria un impulso nunca antes conocido

Hierdie gebeure het aan handel, navigasie en nywerheid 'n impuls gegee wat nog nooit tevore geken is nie

Dio un rápido desarrollo al elemento revolucionario en la tambaleante sociedad feudal

Dit het 'n vinnige ontwikkeling gegee aan die revolusionêre element in die wankelende feodale samelewing

Los gremios cerrados habían monopolizado el sistema feudal de producción industrial

Geslote gildes het die feodale stelsel van industriële produksie gemonopoliseer

Pero esto ya no bastaba para satisfacer las crecientes necesidades de los nuevos mercados

maar dit was nie meer voldoende vir die groeiende behoeftes van die nuwe markte nie

El sistema manufacturero sustituyó al sistema feudal de la industria

Die vervaardigingstelsel het die plek van die feodale nywerheidstelsel ingeneem

Los maestros de gremio fueron empujados a un lado por la clase media manufacturera

Die gildemeesters is aan die een kant gestoot deur die vervaardigingsmiddelklas

La división del trabajo entre los diferentes gremios corporativos desapareció

Arbeidsverdeling tussen die verskillende korporatiewe gildes het verdwyn

La división del trabajo penetraba en cada uno de los talleres

Die arbeidsverdeling het elke werkswinkel binnegedring

Mientras tanto, los mercados seguían creciendo y la demanda seguía aumentando

Intussen het die markte steeds gegroei, en die vraag het steeds gestyg

Ni siquiera las fábricas bastaban para satisfacer las demandas

Selfs fabrieke was nie meer voldoende om aan die eise te voldoen nie

A partir de entonces, el vapor y la maquinaria revolucionaron la producción industrial

Daarna het stoom en masjinerie 'n rewolusie in industriële produksie gemaak

El lugar de la manufactura fue ocupado por el gigante, la Industria Moderna

Die plek van vervaardiging is ingeneem deur die reuse, moderne nywerheid

El lugar de la clase media industrial fue ocupado por millonarios industriales

Die plek van die industriële middelklas is deur industriële miljoenêrs ingeneem

el lugar de los jefes de ejércitos industriales enteros fue ocupado por la burguesía moderna

die plek van leiers van hele industriële leërs is deur die moderne bourgeoisie ingeneem

el descubrimiento de América allanó el camino para que la industria moderna estableciera el mercado mundial

die ontdekking van Amerika het die weg gebaan vir die moderne industrie om die wêreldmark te vestig

Este mercado dio un inmenso desarrollo al comercio, la navegación y la comunicación por tierra

Hierdie mark het 'n geweldige ontwikkeling gegee aan handel, navigasie en kommunikasie oor land

Este desarrollo ha repercutido, en su momento, en la extensión de la industria

Hierdie ontwikkeling het in sy tyd gereageer op die uitbreiding van die nywerheid

Reaccionó en proporción a cómo se extendía la industria, y cómo se extendían el comercio, la navegación y los ferrocarriles

dit het gereageer in verhouding tot hoe die nywerheid uitgebrei het, en hoe handel, navigasie en spoorweë uitgebrei het

en la misma proporción en que la burguesía se desarrolló, aumentó su capital

in dieselfde verhouding as wat die bourgeoisie ontwikkel het, het hulle hul kapitaal vermeerder

y la burguesía relegó a un segundo plano a todas las clases heredadas de la Edad Media

en die bourgeoisie het elke klas wat uit die Middeleeue oorgedra is, op die agtergrond gestoot

por lo tanto, la burguesía moderna es en sí misma el producto de un largo curso de desarrollo
daarom is die moderne bourgeoisie self die produk van 'n lang ontwikkelingsverloop
Vemos que es una serie de revoluciones en los modos de producción y de intercambio
Ons sien dit is 'n reeks revolusies in die produksie- en ruilwyses
Cada paso de la burguesía desarrollista iba acompañado de un avance político correspondiente
Elke stap in die ontwikkelingsbourgeoisie het gepaard gegaan met 'n ooreenstemmende politieke vooruitgang
Una clase oprimida bajo el dominio de la nobleza feudal
'n Onderdrukte klas onder die heerskappy van die feodale adel
una asociación armada y autónoma en la comuna medieval
'n Gewapende en selfregerende vereniging in die Middeleeuse Gemeente
aquí, una república urbana independiente (como en Italia y Alemania)
hier, 'n onafhanklike stedelike republiek (soos in Italië en Duitsland)
allí, un "tercer estado" imponible de la monarquía (como en Francia)
daar, 'n belasbare "derde landgoed" van die monargie (soos in Frankryk)
posteriormente, en el período de fabricación propiamente dicho
daarna, in die tydperk van behoorlike vervaardiging
la burguesía servía a la monarquía semifeudal o a la monarquía absoluta
die bourgeoisie het óf die semi-feodale óf die absolute monargie gedien
o la burguesía actuaba como contrapeso contra la nobleza
of die bourgeoisie het as 'n teengewig teen die adel opgetree

y, de hecho, la burguesía era una piedra angular de las grandes monarquías en general

en in werklikheid was die bourgeoisie 'n hoeksteen van die groot monargieë in die algemeen

pero la industria moderna y el mercado mundial se establecieron desde entonces

maar die moderne nywerheid en die wêreldmark het homself sedertdien gevestig

y la burguesía ha conquistado para sí el dominio político exclusivo

en die bourgeoisie het vir homself eksklusiewe politieke heerskappy verower

logró esta influencia política a través del Estado representativo moderno

dit het hierdie politieke invloed deur die moderne verteenwoordigende staat bereik

Los ejecutivos del Estado moderno no son más que un comité de gestión

Die uitvoerende beamptes van die moderne staat is maar 'n bestuurskomitee

y manejan los asuntos comunes de toda la burguesía

en hulle bestuur die gemeenskaplike sake van die hele bourgeoisie

La burguesía, históricamente, ha desempeñado un papel muy revolucionario

Die bourgeoisie het histories 'n baie revolusionêre rol gespeel

Dondequiera que se impuso, puso fin a todas las relaciones feudales, patriarcales e idílicas

Waar dit ook al die oorhand gekry het, het dit 'n einde gemaak aan alle feodale, patriargale en idilliese verhoudings

Ha roto sin piedad los abigarrados lazos feudales que unían al hombre con sus "superiores naturales"

Dit het die bont feodale bande wat die mens aan sy "natuurlike meerderes" gebind het, genadeloos verskeur

y no ha dejado ningún nexo entre el hombre y el hombre, más allá del puro interés propio

en dit het geen verband tussen mens en mens gelaat nie, behalwe naakte eiebelang

Las relaciones del hombre entre sí se han convertido en nada más que un cruel "pago en efectivo"

Die mens se verhoudings met mekaar het niks meer as gevoellose "kontantbetaling" geword nie

Ha ahogado los éxtasis más celestiales del fervor religioso

Dit het die mees hemelse ekstase van godsdienstige ywer verdrink

ha ahogado el entusiasmo caballeresco y el sentimentalismo filisteo

dit het ridderlike entoesiasme en filistynse sentimentalisme verdrink

ha ahogado estas cosas en el agua helada del cálculo egoísta

dit het hierdie dinge verdrink in die ysige water van egoïstiese berekening

Ha resuelto el valor personal en valor de cambio

Dit het persoonlike waarde in ruilwaarde opgelos

Ha sustituido a las innumerables e imprescriptibles libertades estatutarias

dit het die ontelbare en onuitvoerbare geoktrooieerde vryhede vervang

y ha establecido una libertad única e inconcebible; Libre cambio

en dit het 'n enkele, gewetenlose vryheid geskep; Vrye handel

En una palabra, lo ha hecho para la explotación

In een woord, dit het dit gedoen vir uitbuiting

explotación velada por ilusiones religiosas y políticas

uitbuiting versluier deur godsdienstige en politieke illusies

explotación velada por una explotación desnuda, desvergonzada, directa, brutal

Uitbuiting versluier deur naakte, skaamtelose, direkte, wrede uitbuiting

la burguesía ha despojado de la aureola a todas las ocupaciones anteriormente honradas y veneradas

die bourgeoisie het die stralekrans van elke voorheen geëerde en eerbiedige beroep gestroop

el médico, el abogado, el sacerdote, el poeta y el hombre de ciencia

die geneesheer, die regsgeleerde, die priester, die digter en die man van die wetenskap

Ha convertido a estos distinguidos trabajadores en sus trabajadores asalariados

dit het hierdie vooraanstaande werkers in sy betaalde loonarbeiders omskep

La burguesía ha rasgado el velo sentimental de la familia

Die bourgeoisie het die sentimentele sluier van die gesin weggeruk

y ha reducido la relación familiar a una mera relación monetaria

en dit het die familieverhouding tot 'n blote geldverhouding verminder

el brutal despliegue de vigor en la Edad Media que tanto admiran los reaccionarios

die wrede vertoning van krag in die Middeleeue wat reaksioniste so bewonder

Aun esto encontró su complemento adecuado en la más perezosa indolencia

Selfs dit het sy gepaste aanvulling gevind in die mees lui traagheid

La burguesía ha revelado cómo sucedió todo esto

Die bourgeoisie het bekend gemaak hoe dit alles gebeur het

La burguesía ha sido la primera en mostrar lo que la actividad del hombre puede producir

Die bourgeoisie was die eerste om te wys wat die mens se aktiwiteit kan teweegbring

Ha logrado maravillas que superan con creces las pirámides egipcias, los acueductos romanos y las catedrales góticas

Dit het wonders verrig wat Egiptiese piramides, Romeinse akwadukte en Gotiese katedrale ver oortref het

y ha llevado a cabo expediciones que han hecho sombra a todos los antiguos Éxodos de naciones y cruzadas

en dit het ekspedisies uitgevoer wat alle voormalige uittogte van nasies en kruistogte in die skaduwee geplaas het

La burguesía no puede existir sin revolucionar constantemente los instrumentos de producción

Die bourgeoisie kan nie bestaan sonder om voortdurend 'n rewolusie in die produksie-instrumente te maak nie

y, por lo tanto, no puede existir sin sus relaciones con la producción

en daardeur kan dit nie bestaan sonder sy verhoudings tot produksie nie

y, por lo tanto, no puede existir sin sus relaciones con la sociedad

en daarom kan dit nie bestaan sonder sy verhoudings met die samelewing nie

Todas las clases industriales anteriores tenían una condición en común

Alle vroeëre industriële klasse het een toestand gemeen

Confiaban en la conservación de los antiguos modos de producción

hulle het staatgemaak op die behoud van die ou produksiemetodes

pero la burguesía trajo consigo una dinámica completamente nueva

maar die bourgeoisie het 'n heeltemal nuwe dinamiek meegebring

Revolucionar constantemente la producción y perturbar ininterrumpidamente todas las condiciones sociales

Voortdurende rewolusie van produksie en ononderbroke versteuring van alle sosiale toestande

esta eterna incertidumbre y agitación distingue a la época burguesa de todas las anteriores

hierdie ewige onsekerheid en agitasie onderskei die Bourgeoisie-tydperk van alle vroeëre

Las relaciones previas con la producción vinieron acompañadas de antiguos y venerables prejuicios y opiniones

Vorige verhoudings met produksie het gekom met antieke en eerbiedwaardige vooroordele en opinies

Pero todas estas relaciones fijas y congeladas son barridas

Maar al hierdie vaste, vinnig bevrore verhoudings word weggevee

Todas las relaciones recién formadas se vuelven anticuadas antes de que puedan osificarse

Alle nuutgevormde verhoudings word verouderd voordat hulle kan versteen

Todo lo que es sólido se derrite en el aire, y todo lo que es santo es profanado

Alles wat solied is, smelt in lug, en alles wat heilig is, word ontheilig

El hombre se ve finalmente obligado a afrontar con sus sentidos sobrios sus verdaderas condiciones de vida

Die mens word uiteindelik verplig om sy werklike lewensomstandighede met nugter sintuie in die gesig te staar

y se ve obligado a afrontar sus relaciones con los de su especie

en hy is verplig om sy verhoudings met sy soort in die gesig te staar

La burguesía necesita constantemente ampliar sus mercados para sus productos

Die bourgeoisie moet voortdurend sy markte vir sy produkte uitbrei

y, debido a esto, la burguesía es perseguida por toda la superficie del globo

en as gevolg hiervan word die bourgeoisie oor die hele oppervlak van die aardbol gejaag

La burguesía debe anidar en todas partes, establecerse en todas partes, establecer conexiones en todas partes

Die bourgeoisie moet oral nestel, oral vestig, oral verbindings vestig

La burguesía debe crear mercados en todos los rincones del mundo para explotar

Die bourgeoisie moet markte in elke uithoek van die wêreld skep om uit te buit

La producción y el consumo en todos los países han adquirido un carácter cosmopolita

Die produksie en verbruik in elke land het 'n kosmopolitiese karakter gekry

el disgusto de los reaccionarios es palpable, pero ha continuado a pesar de todo

die ergernis van reaksioniste is tasbaar, maar dit het ongeag voortgegaan

La burguesía ha sacado de debajo de los pies de la industria el terreno nacional en el que se encontraba

Die bourgeoisie het die nasionale grond waarop dit gestaan het, onder die voete van die nywerheid weggetrek

Todas las industrias nacionales de vieja data han sido destruidas, o están siendo destruidas diariamente

Alle ou gevestigde nasionale nywerhede is vernietig, of word daagliks vernietig

Todas las viejas industrias nacionales son desplazadas por las nuevas industrias

Alle ou-gevestigde nasionale nywerhede word deur nuwe nywerhede verdryf

Su introducción se convierte en una cuestión de vida o muerte para todas las naciones civilizadas

Die bekendstelling daarvan word 'n kwessie van lewe en dood vir alle beskaafde nasies

son desalojados por industrias que ya no trabajan con materia prima autóctona

hulle word verdryf deur nywerhede wat nie meer inheemse grondstowwe opwerk nie

En cambio, estas industrias extraen materias primas de las zonas más remotas

In plaas daarvan trek hierdie nywerhede grondstowwe uit die afgeleë gebiede

industrias cuyos productos se consumen, no solo en el país, sino en todos los rincones del mundo
nywerhede waarvan die produkte nie net tuis verbruik word nie, maar in elke kwartaal van die wêreld
En lugar de las viejas necesidades, satisfechas por las producciones del país, encontramos nuevas necesidades
In die plek van die ou behoeftes, bevredig deur die produksies van die land, vind ons nuwe behoeftes
Estas nuevas necesidades requieren para su satisfacción los productos de tierras y climas lejanos
Hierdie nuwe behoeftes vereis vir hul bevrediging die produkte van verre lande en klimaat
En lugar de la antigua reclusión y autosuficiencia local y nacional, tenemos el comercio
In die plek van die ou plaaslike en nasionale afsondering en selfvoorsiening, het ons handel
intercambio internacional en todas las direcciones; Interdependencia universal de las naciones
internasionale uitruil in elke rigting; Universele interafhanklikheid van nasies
Y así como dependemos de los materiales, también dependemos de la producción intelectual
en net soos ons afhanklik is van materiale, so is ons afhanklik van intellektuele produksie
Las creaciones intelectuales de las naciones individuales se convierten en propiedad común
Die intellektuele skeppings van individuele nasies word gemeenskaplike eiendom
La unilateralidad nacional y la estrechez de miras se vuelven cada vez más imposibles
Nasionale eensydigheid en bekrompenheid word al hoe meer onmoontlik
y de las numerosas literaturas nacionales y locales, surge una literatura mundial
en uit die talle nasionale en plaaslike literatuur ontstaan daar 'n wêreldliteratuur

por el rápido perfeccionamiento de todos los instrumentos de producción

deur die vinnige verbetering van alle produksie-instrumente

por los medios de comunicación inmensamente facilitados

deur die uiters gefasiliteerde kommunikasiemiddele

La burguesía atrae a todos (incluso a las naciones más bárbaras) a la civilización

Die bourgeoisie trek almal (selfs die mees barbaarse nasies) in die beskawing in

Los precios baratos de sus mercancías; la artillería pesada que derriba todas las murallas chinas

Die goedkoop pryse van sy kommoditeite; die swaar artillerie wat alle Chinese mure afslaan

El odio intensamente obstinado de los bárbaros hacia los extranjeros se ve obligado a capitular

Die barbare se intens hardnekkige haat vir buitelanders word gedwing om te kapituleer

Obliga a todas las naciones, bajo pena de extinción, a adoptar el modo de producción burgués

Dit dwing alle nasies, op straffe van uitwissing, om die bourgeoisie se produksiewyse aan te neem

los obliga a introducir lo que llama civilización en su seno

dit dwing hulle om wat dit beskawing noem in hul midde in te voer

La burguesía obliga a los bárbaros a convertirse ellos mismos en burgueses

Die bourgeoisie dwing die barbare om self bourgeoisie te word

en una palabra, la burguesía crea un mundo a su imagen y semejanza

in 'n woord, die bourgeoisie skep 'n wêreld na sy eie beeld

La burguesía ha sometido el campo al dominio de las ciudades

Die bourgeoisie het die platteland aan die heerskappy van die dorpe onderwerp

Ha creado enormes ciudades y ha aumentado considerablemente la población urbana

Dit het enorme stede geskep en die stedelike bevolking aansienlik vergroot

Rescató a una parte considerable de la población de la idiotez de la vida rural

dit het 'n aansienlike deel van die bevolking gered van die idiotie van die plattelandse lewe

pero ha hecho que los del campo dependan de las ciudades

maar dit het diegene op die platteland afhanklik gemaak van die dorpe

y asimismo, ha hecho que los países bárbaros dependan de los civilizados

en net so het dit die barbaarse lande afhanklik gemaak van die beskaafdes

naciones de campesinos sobre naciones de la burguesía, el Este sobre el Oeste

nasies van boere op nasies van bourgeoisie, die ooste op die weste

La burguesía suprime cada vez más el estado disperso de la población

Die bourgeoisie doen meer en meer weg met die verspreide toestand van die bevolking

Ha aglomerado la producción y ha concentrado la propiedad en pocas manos

Dit het produksie geagglomereerde en het eiendom in 'n paar hande gekonsentreer

La consecuencia necesaria de esto fue la centralización política

Die noodsaaklike gevolg hiervan was politieke sentralisasie

Había habido naciones independientes y provincias poco conectadas

daar was onafhanklike nasies en losweg verbonde provinsies

Tenían intereses, leyes, gobiernos y sistemas tributarios separados

hulle het afsonderlike belange, wette, regerings en
belastingstelsels gehad
**pero se han agrupado en una sola nación, con un solo
gobierno**
maar hulle het saamgevoeg in een nasie, met een regering
**Ahora tienen un interés nacional de clase, una frontera y un
arancel aduanero**
Hulle het nou een nasionale klassebelang, een grens en een
doeanetarief
**Y este interés nacional de clase está unificado bajo un solo
código de leyes**
en hierdie nasionale klassebelang is verenig onder een
wetskode
**la burguesía ha logrado mucho durante su gobierno de
apenas cien años**
die bourgeoisie het baie bereik tydens sy heerskappy van
skaars honderd jaar
**fuerzas productivas más masivas y colosales que todas las
generaciones precedentes juntas**
meer massiewe en kolossale produktiewe kragte as al die
vorige geslagte saam
**Las fuerzas de la naturaleza están subyugadas a la voluntad
del hombre y su maquinaria**
Die natuur se kragte is onderwerp aan die wil van die mens en
sy masjinerie
**La química se aplica a todas las formas de industria y tipos
de agricultura**
Chemie word toegepas op alle vorme van nywerheid en soorte
landbou
**la navegación a vapor, los ferrocarriles, los telégrafos
eléctricos y la imprenta**
stoomnavigasie, spoorweë, elektriese telegrawe en die
drukpers
**desbroce de continentes enteros para el cultivo, canalización
de ríos**

skoonmaak van hele vastelande vir verbouing, kanalisering van riviere

Poblaciones enteras han sido sacadas de la tierra y puestas a trabajar

Hele bevolkings is uit die grond getower en aan die werk gesit

¿Qué siglo anterior tuvo siquiera un presentimiento de lo que podría desencadenarse?

Watter vroeëre eeu het selfs 'n voorgevoel gehad van wat ontketen kon word?

¿Quién predijo que tales fuerzas productivas dormitaban en el regazo del trabajo social?

Wie het voorspel dat sulke produktiewe kragte in die skoot van sosiale arbeid sluimer?

Vemos, pues, que los medios de producción y de intercambio se generaban en la sociedad feudal

Ons sien dan dat die produksie- en ruilmiddele in die feodale samelewing gegenereer is

los medios de producción sobre cuyos cimientos se construyó la burguesía

die produksiemiddele op wie se fondament die bourgeoisie homself opgebou het

En una determinada etapa del desarrollo de estos medios de producción y de intercambio

Op 'n sekere stadium in die ontwikkeling van hierdie produksie- en ruilmiddele

las condiciones bajo las cuales la sociedad feudal producía e intercambiaba

Die omstandighede waaronder die feodale samelewing geproduseer en uitgeruil het

La organización feudal de la agricultura y la industria manufacturera

Die feodale organisasie van landbou en vervaardigingsbedryf

Las relaciones feudales de propiedad ya no eran compatibles con las condiciones materiales

Die feodale verhoudings van eiendom was nie meer versoenbaar met die materiële toestande nie

**Tuvieron que ser reventados en pedazos, por lo que fueron
reventados en pedazos**

Hulle moes uitmekaar gebars word, so hulle is uitmekaar
gebars

**En su lugar entró la libre competencia de las fuerzas
productivas**

In hul plek het vrye mededinging van die produktiewe kragte
gestap

**y fueron acompañadas de una constitución social y política
adaptada a ella**

en hulle het gepaard gegaan met 'n sosiale en politieke
grondwet wat daarby aangepas is

**y fue acompañado por el dominio económico y político de la
burguesía**

en dit het gepaard gegaan met die ekonomiese en politieke
invloed van die bourgeoisieklas

**Un movimiento similar está ocurriendo ante nuestros
propios ojos**

'n Soortgelyke beweging is aan die gang voor ons eie oë

**La sociedad burguesa moderna con sus relaciones de
producción, de intercambio y de propiedad**

Moderne bourgeoisie-samelewing met sy produksie-, ruil- en
eiendomsverhoudinge

**una sociedad que ha conjurado medios de producción y de
intercambio tan gigantescos**

'n samelewing wat sulke reusagtige produksie- en ruilmiddele
opgetower het

**Es como el hechicero que invocó los poderes del mundo
inferior**

Dit is soos die towenaar wat die magte van die onderwêreld
opgeroep het

Pero ya no es capaz de controlar lo que ha traído al mundo

maar hy is nie meer in staat om te beheer wat hy in die wêreld
gebring het nie

**Durante muchas décadas, la historia pasada estuvo unida
por un hilo conductor**

Vir baie dekades was die geskiedenis van die verlede deur 'n gemeenskaplike draad saamgebind

La historia de la industria y del comercio no ha sido más que la historia de las revueltas

Die geskiedenis van nywerheid en handel was maar net die geskiedenis van opstande

las revueltas de las fuerzas productivas modernas contra las condiciones modernas de producción

Die opstande van moderne produktiewe kragte teen moderne produksietoestande

Las revueltas de las fuerzas productivas modernas contra las relaciones de propiedad

Die opstande van moderne produktiewe kragte teen eiendomsverhoudinge

estas relaciones de propiedad son las condiciones para la existencia de la burguesía

hierdie eiendomsverhoudinge is die voorwaardes vir die bestaan van die bourgeoisie

y la existencia de la burguesía determina las reglas de las relaciones de propiedad

en die bestaan van die bourgeoisie bepaal die reëls vir eiendomsverhoudinge

Baste mencionar el retorno periódico de las crisis comerciales

Dit is genoeg om die periodieke terugkeer van kommersiële krisisse te noem

cada crisis comercial es más amenazante para la sociedad burguesa que la anterior

elke kommersiële krisis is meer bedreigend vir die bourgeoisie-samelewing as die vorige

En estas crisis se destruye gran parte de los productos existentes

In hierdie krisisse word 'n groot deel van die bestaande produkte vernietig

Pero estas crisis también destruyen las fuerzas productivas previamente creadas

Maar hierdie krisisse vernietig ook die voorheen geskepte produktiewe kragte

En todas las épocas anteriores, estas epidemias habrían parecido un absurdo

In alle vroeëre tydperke sou hierdie epidemies 'n absurditeit gelyk het

porque estas epidemias son las crisis comerciales de la sobreproducción

Omdat hierdie epidemies die kommersiële krisisse van oorproduksie is

De repente, la sociedad se encuentra de nuevo en un estado de barbarie momentánea

Die samelewing bevind hom skielik weer in 'n toestand van kortstondige barbaarsheid

como si una guerra universal de devastación hubiera cortado todos los medios de subsistencia

asof 'n universele oorlog van verwoesting elke bestaansmiddel afgesny het

la industria y el comercio parecen haber sido destruidos; ¿Y por qué?

Dit lyk asof nywerheid en handel vernietig is; en hoekom?

Porque hay demasiada civilización y medios de subsistencia

Omdat daar te veel beskawing en bestaansmiddele is

y porque hay demasiada industria y demasiado comercio

en omdat daar te veel nywerheid en te veel handel is

Las fuerzas productivas a disposición de la sociedad ya no desarrollan la propiedad burguesa

Die produktiewe kragte tot die beskikking van die samelewing ontwikkel nie meer bourgeoisie-eiendom nie

por el contrario, se han vuelto demasiado poderosos para estas condiciones, por las cuales están encadenados

inteendeel, hulle het te magtig geword vir hierdie toestande, waardeur hulle vasgebind is

tan pronto como superan estas cadenas, traen el desorden a toda la sociedad burguesa

sodra hulle hierdie boeie oorkom, bring hulle wanorde in die hele bourgeoisie-samelewing

y las fuerzas productivas ponen en peligro la existencia de la propiedad burguesa

en die produktiewe kragte stel die bestaan van bourgeoisie-eiendom in gevaar

Las condiciones de la sociedad burguesa son demasiado estrechas para abarcar la riqueza creada por ellas

Die toestande van die bourgeoisie-samelewing is te eng om die rykdom wat daardeur geskep word, te omvat.

¿Y cómo supera la burguesía estas crisis?

En hoe kom die bourgeoisie oor hierdie krisisse?

Por un lado, supera estas crisis mediante la destrucción forzada de una masa de fuerzas productivas

Aan die een kant oorkom dit hierdie krisisse deur die gedwonge vernietiging van 'n massa produktiewe kragte

por otro lado, supera estas crisis mediante la conquista de nuevos mercados

Aan die ander kant oorkom dit hierdie krisisse deur die verowering van nuwe markte

y supera estas crisis mediante la explotación más completa de las viejas fuerzas productivas

en dit oorkom hierdie krisisse deur die deegliker uitbuiting van die ou produksiekragte

Es decir, allanando el camino para crisis más extensas y destructivas

Dit wil sê deur die weg te baan vir meer uitgebreide en meer vernietigende krisisse

supera la crisis disminuyendo los medios para prevenir las crisis

dit oorkom die krisis deur die middele te verminder waardeur krisisse voorkom word

Las armas con las que la burguesía derribó el feudalismo se vuelven ahora contra sí misma

Die wapens waarmee die bourgeoisie feodalisme op die grond afgekap het, is nou teen homself gedraai

Pero la burguesía no sólo ha forjado las armas que le dan la muerte

Maar nie net het die bourgeoisie die wapens gesmee wat die dood oor homself bring nie

También ha llamado a la existencia a los hombres que han de empuñar esas armas

dit het ook die manne wat daardie wapens moet swaai, tot stand gebring

Y estos hombres son la clase obrera moderna; Son los proletarios

en hierdie mans is die moderne werkersklas; hulle is die proletariërs

En la misma proporción en que se desarrolla la burguesía, en la misma proporción se desarrolla el proletariado

In dieselfde mate as die bourgeoisie ontwikkel word, word die proletariaat in dieselfde verhouding ontwikkel

La clase obrera moderna desarrolló una clase de trabajadores

Die moderne werkersklas het 'n klas arbeiders ontwikkel

Esta clase de obreros vive sólo mientras encuentran trabajo

Hierdie klas arbeiders leef net solank hulle werk kry

y sólo encuentran trabajo mientras su trabajo aumenta el capital

en hulle kry slegs werk solank hul arbeid kapitaal vermeerder

Estos obreros, que deben venderse a destajo, son una mercancía

Hierdie arbeiders, wat hulself stuksgewys moet verkoop, is 'n kommoditeit

Estos obreros son como cualquier otro artículo de comercio

Hierdie arbeiders is soos elke ander handelsartikel

y, en consecuencia, están expuestos a todas las vicisitudes de la competencia

en hulle word gevolglik blootgestel aan al die wisselvalligheid van mededinging

Tienen que capear todas las fluctuaciones del mercado

hulle moet al die skommelinge van die mark deurstaan

Debido al uso extensivo de maquinaria y a la división del trabajo

As gevolg van die uitgebreide gebruik van masjinerie en arbeidsverdeling

El trabajo de los proletarios ha perdido todo carácter individual

Die werk van die proletariërs het alle individuele karakter verloor

y, en consecuencia, el trabajo de los proletarios ha perdido todo encanto para el obrero

en gevolglik het die werk van die proletariërs alle sjarme vir die werker verloor

Se convierte en un apéndice de la máquina, en lugar del hombre que una vez fue

Hy word 'n aanhangsel van die masjien, eerder as die man wat hy eens was

Sólo se requiere de él la habilidad más simple, monótona y más fácil de adquirir

Slegs die eenvoudigste, eentonigste en maklikste vaardigheid word van hom vereis

Por lo tanto, el costo de producción de un trabajador está restringido

Daarom is die produksiekoste van 'n werker beperk

se restringe casi por completo a los medios de subsistencia que necesita para su manutención

dit is byna geheel en al beperk tot die bestaansmiddele wat hy benodig vir sy onderhoud

y se restringe a los medios de subsistencia que necesita para la propagación de su raza

en dit is beperk tot die bestaansmiddele wat hy benodig vir die voortplanting van sy ras

Pero el precio de una mercancía, y por lo tanto también del trabajo, es igual a su costo de producción

Maar die prys van 'n kommoditeit, en dus ook van arbeid, is gelyk aan sy produksiekoste

Por lo tanto, a medida que aumenta la repulsividad del trabajo, disminuye el salario

In verhouding daarom, namate die afstootlikheid van die werk toeneem, daal die loon

Es más, la repulsión de su obra aumenta a un ritmo aún mayor

Nee, die afstootlikheid van sy werk neem selfs vinniger toe

A medida que aumenta el uso de maquinaria y la división del trabajo, también lo hace la carga del trabajo

Namate die gebruik van masjinerie en arbeidsverdeling toeneem, neem die las van arbeid ook toe

La carga del trabajo se incrementa con la prolongación de las horas de trabajo

Die las van swoeg word verhoog deur verlenging van die werksure

Se espera más del obrero en el mismo tiempo que antes

meer word van die arbeider verwag in dieselfde tyd as voorheen

Y, por supuesto, la carga del trabajo aumenta por la velocidad de la maquinaria

en natuurlik word die las van die swoeg verhoog deur die spoed van die masjinerie

La industria moderna ha convertido el pequeño taller del amo patriarcal en la gran fábrica del capitalista industrial

Die moderne nywerheid het die klein werkswinkel van die patriargale meester omskep in die groot fabriek van die industriële kapitalis

Las masas de obreros, hacinados en la fábrica, están organizadas como soldados

Massas arbeiders, saamgedrom in die fabriek, is soos soldate georganiseer

Como soldados rasos del ejército industrial están bajo el mando de una jerarquía perfecta de oficiales y sargentos

As privaat van die industriële leër word hulle onder bevel geplaas van 'n perfekte hiërargie van offisiere en sersante

no sólo son esclavos de la burguesía y del Estado

hulle is nie net die slawe van die bourgeoisieklas en staat nie

pero también son esclavizados diariamente y cada hora por la máquina

maar hulle word ook daagliks en uurliks deur die masjien verslaaf

están esclavizados por el vigilante y, sobre todo, por el propio fabricante burgués

hulle word verslaaf deur die toeskouer, en bowenal deur die individuele bourgeoisie-vervaardiger self

Cuanto más abiertamente proclama este despotismo que la ganancia es su fin y su fin, tanto más mezquino, más odioso y más amargo es

Hoe meer openlik hierdie despotisme verkondig dat wins sy doel en doel is, hoe meer kleinlik, hoe meer haatlik en hoe meer bitter is dit

Cuanto más se desarrolla la industria moderna, menores son las diferencias entre los sexos

hoe meer moderne nywerhede ontwikkel word, hoe minder is die verskille tussen die geslagte

Cuanto menor es la habilidad y el ejercicio de la fuerza implícitos en el trabajo manual, tanto más el trabajo de los hombres es reemplazado por el de las mujeres

Hoe minder die vaardigheid en kraginspanning wat in handearbeid geïmpliseer word, hoe meer word die arbeid van mans vervang deur dié van vroue

Las diferencias de edad y sexo ya no tienen ninguna validez social distintiva para la clase obrera

Verskille in ouderdom en geslag het nie meer enige kenmerkende sosiale geldigheid vir die werkersklas nie

Todos son instrumentos de trabajo, más o menos costosos de usar, según su edad y sexo

Almal is arbeidsinstrumente, min of meer duur om te gebruik, volgens hul ouderdom en geslag

tan pronto como el obrero recibe su salario en efectivo, es atacado por las otras partes de la burguesía

sodra die arbeider sy loon in kontant ontvang, word hy deur
die ander dele van die bourgeoisie aangepak
el propietario, el tendero, el prestamista, etc
die verhuurder, die winkelier, die pandjiesmakelaar, ens
**Los estratos más bajos de la clase media; los pequeños
comerciantes y tenderos**
Die laer lae van die middelklas; die klein ambagsmanne en
winkeliers
**los comerciantes jubilados en general, y los artesanos y
campesinos**
die afgetrede ambagsmanne in die algemeen, en die
vakmanne en boere
todo esto se hunde poco a poco en el proletariado
al hierdie sink geleidelik in die proletariaat
**en parte porque su minúsculo capital no basta para la escala
en que se desarrolla la industria moderna**
deels omdat hul klein kapitaal nie voldoende is vir die skaal
waarop die moderne nywerheid bedryf word nie
**y porque está inundada en la competencia con los grandes
capitalistas**
en omdat dit oorweldig is in die mededinging met die groot
kapitaliste
**en parte porque sus habilidades especializadas se vuelven
inútiles por los nuevos métodos de producción**
deels omdat hul gespesialiseerde vaardigheid waardeloos
gemaak word deur die nuwe produksiemetodes
**De este modo, el proletariado es reclutado entre todas las
clases de la población**
So word die proletariaat uit alle klasse van die bevolking
gewerf
El proletariado pasa por varias etapas de desarrollo
Die proletariaat gaan deur verskeie stadiums van
ontwikkeling
Con su nacimiento comienza su lucha con la burguesía
Met sy geboorte begin sy stryd met die bourgeoisie

Al principio, la contienda es llevada a cabo por trabajadores individuales

Aanvanklik word die wedstryd deur individuele arbeiders gevoer

Entonces el concurso es llevado a cabo por los obreros de una fábrica

Dan word die wedstryd deur die werkers van 'n fabriek gevoer

Entonces la contienda es llevada a cabo por los operarios de un oficio, en una localidad

dan word die wedstryd gevoer deur die operateurs van een ambag, op een plek

y la contienda es entonces contra la burguesía individual que los explota directamente

en die stryd is dan teen die individuele bourgeoisie wat hulle direk uitbuit

No dirigen sus ataques contra las condiciones de producción de la burguesía

Hulle rig hul aanvalle nie teen die produksietoestande van die bourgeoisie nie

pero dirigen su ataque contra los propios instrumentos de producción

maar hulle rig hul aanval teen die produksie-instrumente self

destruyen mercancías importadas que compiten con su mano de obra

hulle vernietig ingevoerde ware wat met hul arbeid meeding

Hacen pedazos la maquinaria y prenden fuego a las fábricas

hulle breek masjinerie stukkend en hulle steek fabrieke aan die brand

tratan de restaurar por la fuerza el estado desaparecido del obrero de la Edad Media

hulle poog om die verdwynde status van die werker van die Middeleeue met geweld te herstel

En esta etapa, los obreros forman todavía una masa incoherente dispersa por todo el país

Op hierdie stadium vorm die arbeiders steeds 'n
onsamehangende massa wat oor die hele land versprei is
y se rompen por su mutua competencia
en hulle word verbreek deur hul wedersydse mededinging
**Si en alguna parte se unen para formar cuerpos más
compactos, esto no es todavía la consecuencia de su propia
unión activa**
As hulle êrens verenig om meer kompakte liggame te vorm, is
dit nog nie die gevolg van hul eie aktiewe vereniging nie
**pero es una consecuencia de la unión de la burguesía, para
alcanzar sus propios fines políticos**
maar dit is 'n gevolg van die vereniging van die bourgeoisie,
om sy eie politieke doelwitte te bereik
**la burguesía se ve obligada a poner en movimiento a todo el
proletariado**
die bourgeoisie is verplig om die hele proletariaat aan die
gang te sit
y además, por un momento, la burguesía es capaz de hacerlo
en boonop is die bourgeoisie vir 'n tyd in staat om dit te doen
**Por lo tanto, en esta etapa, los proletarios no luchan contra
sus enemigos**
Op hierdie stadium veg die proletariërs dus nie teen hul
vyande nie
**sino que están luchando contra los enemigos de sus
enemigos**
maar in plaas daarvan veg hulle teen die vyande van hul
vyande
**la lucha contra los restos de la monarquía absoluta y los
terratenientes**
Die stryd teen die oorblyfsels van die absolute monargie en
die grondeienaars
**luchan contra la burguesía no industrial; la pequeña
burguesía**
hulle veg teen die nie-industriële bourgeoisie; die
kleinburgery

De este modo, todo el movimiento histórico se concentra en manos de la burguesía

Die hele historiese beweging is dus in die hande van die bourgeoisie gekonsentreer

cada victoria así obtenida es una victoria para la burguesía

elke oorwinning wat so behaal word, is 'n oorwinning vir die bourgeoisie

Pero con el desarrollo de la industria, el proletariado no sólo aumenta en número

Maar met die ontwikkeling van die nywerheid neem die proletariaat nie net toe nie

el proletariado se concentra en grandes masas y su fuerza crece

die proletariaat word in groter massas gekonsentreer en sy krag groei

y el proletariado siente cada vez más esa fuerza

en die proletariaat voel daardie krag meer en meer

Los diversos intereses y condiciones de vida en las filas del proletariado se igualan cada vez más

Die verskillende belange en lewensomstandighede binne die geledere van die proletariaat word al hoe meer gelyk gemaak

se vuelven más proporcionales a medida que la maquinaria borra todas las distinciones de trabajo

hulle word meer in verhouding namate masjinerie alle onderskeidings van arbeid uitwis

y la maquinaria reduce los salarios al mismo nivel bajo en casi todas partes

en masjinerie byna oral verlaag lone tot dieselfde lae vlak

La creciente competencia entre la burguesía, y las crisis comerciales resultantes, hacen que los salarios de los obreros sean cada vez más fluctuantes

Die groeiende mededinging onder die bourgeoisie, en die gevolglike kommersiële krisisse, maak die lone van die werkers al hoe meer wisselend

La mejora incesante de la maquinaria, que se desarrolla cada vez más rápidamente, hace que sus medios de vida sean cada vez más precarios

Die onophoudelike verbetering van masjinerie, wat al hoe vinniger ontwikkel, maak hul bestaan al hoe meer onseker

los choques entre obreros individuales y burgueses individuales toman cada vez más el carácter de choques entre dos clases

die botsings tussen individuele werkers en individuele bourgeoisie neem meer en meer die karakter van botsings tussen twee klasse aan

A partir de ese momento, los obreros comienzan a formar uniones (sindicatos) contra la burguesía

Daarna begin die werkers kombinasies (vakbonde) teen die bourgeoisie vorm

se agrupan para mantener el ritmo de los salarios

hulle klub saam om die loonkoers te handhaaf

Fundaron asociaciones permanentes para hacer frente de antemano a estas revueltas ocasionales

hulle het permanente verenigings gevind om vooraf voorsiening te maak vir hierdie af en toe opstande

Aquí y allá la contienda estalla en disturbios

Hier en daar breek die wedstryd uit in onluste

De vez en cuando los obreros salen victoriosos, pero sólo por un tiempo

Nou en dan seëvier die werkers, maar net vir 'n tyd

El verdadero fruto de sus batallas no reside en el resultado inmediato, sino en la unión cada vez mayor de los trabajadores

Die werklike vrug van hul gevegte lê nie in die onmiddellike resultaat nie, maar in die steeds groeiende vakbond van die werkers

Esta unión se ve favorecida por la mejora de los medios de comunicación creados por la industria moderna

Hierdie vakbond word aangehelp deur die verbeterde kommunikasiemiddele wat deur die moderne nywerheid geskep word

La comunicación moderna pone en contacto a los trabajadores de diferentes localidades

Moderne kommunikasie plaas die werkers van verskillende plekke in kontak met mekaar

Era precisamente este contacto el que se necesitaba para centralizar las numerosas luchas locales en una lucha nacional entre clases

Dit was juis hierdie kontak wat nodig was om die talle plaaslike stryd in een nasionale stryd tussen klasse te sentraliseer

Todas estas luchas tienen el mismo carácter, y toda lucha de clases es una lucha política

Al hierdie stryd is van dieselfde karakter, en elke klassestryd is 'n politieke stryd

los burgueses de la Edad Media, con sus miserables carreteras, necesitaron siglos para formar sus uniones

die burgers van die Middeleeue, met hul ellendige snelweë, het eeue nodig gehad om hul vakbonde te vorm

Los proletarios modernos, gracias a los ferrocarriles, logran sus sindicatos en pocos años

Die moderne proletariërs bereik, danksy spoorweë, hul vakbonde binne 'n paar jaar

Esta organización de los proletarios en una clase los formó, por consiguiente, en un partido político

Hierdie organisasie van die proletariërs in 'n klas het hulle gevolglik in 'n politieke party gevorm

La clase política se ve continuamente molesta por la competencia entre los propios trabajadores

Die politieke klas word voortdurend weer ontsteld deur die mededinging tussen die werkers self

Pero la clase política sigue levantándose de nuevo, más fuerte, más firme, más poderosa

Maar die politieke klas gaan voort om weer op te staan,
sterker, fermer, magtiger
**Obliga al reconocimiento legislativo de los intereses
particulares de los trabajadores**
Dit dwing wetgewende erkenning van spesifieke belange van
die werkers af
**lo hace aprovechándose de las divisiones en el seno de la
propia burguesía**
dit doen dit deur voordeel te trek uit die verdeeldheid onder
die bourgeoisie self
**De este modo, el proyecto de ley de las diez horas en
Inglaterra se convirtió en ley**
So is die tien-uur-wetsontwerp in Engeland in wet gestel
**en muchos sentidos, las colisiones entre las clases de la vieja
sociedad son, además, el curso del desarrollo del
proletariado**
in baie opsigte is die botsings tussen die klasse van die ou
samelewing verder die verloop van ontwikkeling van die
proletariaat
La burguesía se ve envuelta en una batalla constante
Die bourgeoisie bevind hom in 'n voortdurende stryd
**Al principio se verá envuelto en una batalla constante con la
aristocracia**
Aanvanklik sal dit in 'n voortdurende stryd met die
aristokrasie betrokke wees
**más tarde se verá envuelta en una batalla constante con esas
partes de la propia burguesía**
later sal dit homself in 'n voortdurende stryd met daardie dele
van die bourgeoisie self bevind
**y sus intereses se habrán vuelto antagónicos al progreso de
la industria**
en hul belange sal antagonisties geword het met die
vooruitgang van die nywerheid
**en todo momento, sus intereses se habrán vuelto
antagónicos con la burguesía de los países extranjeros**

te alle tye sal hul belange antagonisties geraak het met die bourgeoisie van die buiteland

En todas estas batallas se ve obligado a apelar al proletariado y pide su ayuda

In al hierdie gevegte sien hy homself verplig om 'n beroep op die proletariaat te doen en vra sy hulp

y, por lo tanto, se sentirá obligado a arrastrarlo a la arena política

en dus sal dit verplig voel om dit in die politieke arena in te sleep

La burguesía misma, por lo tanto, suministra al proletariado sus propios instrumentos de educación política y general

Die bourgeoisie self voorsien dus die proletariaat van sy eie instrumente van politieke en algemene opvoeding

en otras palabras, suministra al proletariado armas para luchar contra la burguesía

met ander woorde, dit voorsien die proletariaat van wapens om die bourgeoisie te beveg

Además, como ya hemos visto, sectores enteros de las clases dominantes se precipitan en el proletariado

Verder, soos ons reeds gesien het, word hele dele van die heersende klasse in die proletariaat neergeslaan

el avance de la industria los absorbe en el proletariado

die vooruitgang van die nywerheid suig hulle in die proletariaat in

o, al menos, están amenazados en sus condiciones de existencia

of, ten minste, hulle word bedreig in hul bestaansomstandighede

Estos también suministran al proletariado nuevos elementos de ilustración y progreso

Dit voorsien ook die proletariaat van vars elemente van verligting en vooruitgang

Finalmente, en momentos en que la lucha de clases se acerca a la hora decisiva

Uiteindelik, in tye wanneer die klassestryd die beslissende uur nader

el proceso de disolución que se está llevando a cabo en el seno de la clase dominante

die proses van ontbinding wat binne die heersersklas aan die gang is

De hecho, la disolución que se está produciendo en el seno de la clase dominante se sentirá en toda la sociedad

trouens, die ontbinding wat binne die heersersklas plaasvind, sal binne die hele omvang van die samelewing gevoel word

Tomará un carácter tan violento y deslumbrante, que un pequeño sector de la clase dominante se quedará a la deriva

dit sal so 'n gewelddadige, opvallende karakter aanneem dat 'n klein deel van die heersersklas homself wegdryf

y esa clase dominante se unirá a la clase revolucionaria

en dat die heersersklas by die revolusionêre klas sal aansluit

La clase revolucionaria es la clase que tiene el futuro en sus manos

die revolusionêre klas is die klas wat die toekoms in sy hande hou

Al igual que en un período anterior, una parte de la nobleza se pasó a la burguesía

Net soos in 'n vroeëre tydperk, het 'n deel van die adel na die bourgeoisie oorgegaan

de la misma manera que una parte de la burguesía se pasará al proletariado

op dieselfde manier sal 'n deel van die bourgeoisie na die proletariaat oorgaan

en particular, una parte de la burguesía pasará a una parte de los ideólogos de la burguesía

in die besonder sal 'n gedeelte van die bourgeoisie na 'n gedeelte van die bourgeoisie-ideoloë oorgaan

Ideólogos burgueses que se han elevado al nivel de comprender teóricamente el movimiento histórico en su conjunto

Bourgeoisie-ideoloë wat hulself verhef het tot die vlak om die historiese beweging as geheel teoreties te begryp

De todas las clases que hoy se encuentran frente a frente con la burguesía, sólo el proletariado es una clase realmente revolucionaria

Van al die klasse wat vandag van aangesig tot aangesig met die bourgeoisie staan, is die proletariaat alleen 'n werklik revolusionêre klas

Las otras clases decaen y finalmente desaparecen frente a la industria moderna

Die ander klasse verval en verdwyn uiteindelik in die aangesig van die moderne nywerheid

el proletariado es su producto especial y esencial

die Proletariaat is sy spesiale en noodsaaklike produk

La clase media baja, el pequeño fabricante, el tendero, el artesano, el campesino

Die laer middelklas, die klein vervaardiger, die winkelier, die ambagsman, die

todos ellos luchan contra la burguesía

al hierdie veg teen die bourgeoisie

Luchan como fracciones de la clase media para salvarse de la extinción

hulle veg as fraksies van die middelklas om hulself van uitwissing te red

Por lo tanto, no son revolucionarios, sino conservadores

Hulle is dus nie revolusionêr nie, maar konserwatief

Más aún, son reaccionarios, porque tratan de hacer retroceder la rueda de la historia

Nee, hulle is reaksionêr, want hulle probeer die wiel van die geskiedenis terugrol

Si por casualidad son revolucionarios, lo son sólo en vista de su inminente transferencia al proletariado

As hulle toevallig revolusionêr is, is hulle dit slegs in die lig van hul naderende oorplasing na die proletariaat

Por lo tanto, no defienden sus intereses presentes, sino sus intereses futuros

hulle verdedig dus nie hul hede nie, maar hul toekomstige belange

abandonan su propio punto de vista para situarse en el del proletariado

hulle verlaat hul eie standpunt om hulself by dié van die proletariaat te plaas

La "clase peligrosa", la escoria social, esa masa pasivamente putrefacta arrojada por las capas más bajas de la vieja sociedad

Die 'gevaarlike klas', die sosiale skuim, daardie passief verrottende massa wat deur die laagste lae van die ou samelewing afgegooi word

pueden, aquí y allá, ser arrastrados al movimiento por una revolución proletaria

hulle kan hier en daar deur 'n proletariese rewolusie in die beweging meegesleur word

Sus condiciones de vida, sin embargo, la preparan mucho más para el papel de un instrumento sobornado de la intriga reaccionaria

sy lewensomstandighede berei dit egter baie meer voor vir die rol van 'n omkoopinstrument van reaksionêre intrige

En las condiciones del proletariado, los de la vieja sociedad en general están ya virtualmente desbordados

In die omstandighede van die proletariaat is dié van die ou samelewing in die algemeen reeds feitlik oorweldig

El proletario carece de propiedad

Die proletariër is sonder eiendom

su relación con su mujer y sus hijos ya no tiene nada en común con las relaciones familiares de la burguesía

sy verhouding met sy vrou en kinders het niks meer gemeen met die Bourgeoisie se familieverhoudinge nie

el trabajo industrial moderno, el sometimiento moderno al capital, lo mismo en Inglaterra que en Francia, en Estados Unidos como en Alemania

moderne industriële arbeid, moderne onderdanigheid aan
kapitaal, dieselfde in Engeland as in Frankryk, in Amerika as
in Duitsland
**Su condición en la sociedad lo ha despojado de todo rastro
de carácter nacional**
Sy toestand in die samelewing het hom van elke spoor van
nasionale karakter gestroop
**El derecho, la moral, la religión, son para él otros tantos
prejuicios burgueses**
Wet, moraliteit, godsdiens is vir hom soveel vooroordele van
die bourgeoisie
**y detrás de estos prejuicios acechan emboscados otros tantos
intereses burgueses**
en agter hierdie vooroordele skuil in 'n hinderlaag net soos
baie bourgeoisie-belange
**Todas las clases precedentes que se impusieron trataron de
fortalecer su estatus ya adquirido**
Al die voorafgaande klasse wat die oorhand gekry het, het
probeer om hul reeds verworwe status te versterk
**Lo hicieron sometiendo a la sociedad en general a sus
condiciones de apropiación**
hulle het dit gedoen deur die samelewing in die algemeen aan
hul voorwaardes van toe-eiening te onderwerp
**Los proletarios no pueden llegar a ser dueños de las fuerzas
productivas de la sociedad**
Die proletariërs kan nie meesters word van die produktiewe
kragte van die samelewing nie
**sólo puede hacerlo aboliendo su propio modo anterior de
apropiación**
dit kan slegs gedoen word deur hul eie vorige manier van toe-
eiening af te skaf
**y, por lo tanto, también suprime cualquier otro modo
anterior de apropiación**
en daardeur skaf dit ook elke ander vorige manier van toe-
eiening af
No tienen nada propio que asegurar y fortificar

Hulle het niks van hul eie om te beveilig en te versterk nie

Su misión es destruir todos los valores y seguros anteriores de la propiedad individual

hul missie is om alle vorige sekuriteite vir en versekering van individuele eiendom te vernietig

Todos los movimientos históricos anteriores fueron movimientos de minorías

Alle vorige historiese bewegings was bewegings van minderhede

o eran movimientos en interés de las minorías

of dit was bewegings in belang van minderhede

El movimiento proletario es el movimiento consciente e independiente de la inmensa mayoría

Die proletariese beweging is die selfbewuste, onafhanklike beweging van die oorgrote meerderheid

Y es un movimiento en interés de la inmensa mayoría

en dit is 'n beweging in die belang van die oorgrote meerderheid

El proletariado, el estrato más bajo de nuestra sociedad actual

Die proletariaat, die laagste laag van ons huidige samelewing

no puede agitarse ni elevarse sin que todos los estratos superiores de la sociedad oficial salgan al aire

dit kan homself nie roer of verhef sonder dat die hele bekleërende lae van die amptelike samelewing in die lug spring nie

Aunque no en el fondo, sí en la forma, la lucha del proletariado con la burguesía es, al principio, una lucha nacional

Alhoewel dit nie in wese is nie, is die stryd van die proletariaat met die bourgeoisie aanvanklik 'n nasionale stryd

El proletariado de cada país debe, por supuesto, en primer lugar arreglar las cosas con su propia burguesía

Die proletariaat van elke land moet natuurlik eerstens sake met sy eie bourgeoisie afhandel

Al describir las fases más generales del desarrollo del proletariado, hemos trazado la guerra civil más o menos velada

Deur die mees algemene fases van die ontwikkeling van die proletariaat uit te beeld, het ons die min of meer bedekte burgeroorlog opgespoor

Este civil está haciendo estragos dentro de la sociedad existente

Hierdie burgerlike woed binne die bestaande samelewing

Se enfurecerá hasta el punto en que esa guerra estalle en una revolución abierta

dit sal woed tot op die punt waar daardie oorlog in 'n openlike rewolusie uitbreek

y luego el derrocamiento violento de la burguesía sienta las bases para el dominio del proletariado

en dan lê die gewelddadige omverwerping van die bourgeoisie die grondslag vir die heerskappy van die proletariaat

Hasta ahora, todas las formas de sociedad se han basado, como ya hemos visto, en el antagonismo de las clases opresoras y oprimidas

Tot dusver was elke vorm van samelewing, soos ons reeds gesien het, gebaseer op die antagonisme van onderdrukkende en onderdrukte klasse

Pero para oprimir a una clase, hay que asegurarle ciertas condiciones

Maar om 'n klas te onderdruk, moet sekere voorwaardes daaraan verseker word

La clase debe ser mantenida en condiciones en las que pueda, por lo menos, continuar su existencia servil

die klas moet onder omstandighede gehou word waarin dit ten minste sy slaafse bestaan kan voortsit

El siervo, en el período de la servidumbre, se elevaba a la comuna

Die slawe het homself in die tydperk van slawerny tot lidmaatskap van die gemeente verhef

del mismo modo que la pequeña burguesía, bajo el yugo del absolutismo feudal, logró convertirse en burguesía

net soos die kleinburgery, onder die juk van feodale absolutisme, daarin geslaag het om tot 'n bourgeoisie te ontwikkel

El obrero moderno, por el contrario, en lugar de elevarse con el progreso de la industria, se hunde cada vez más

Die moderne arbeider, inteendeel, in plaas daarvan om met die vooruitgang van die nywerheid te styg, sink dieper en dieper

se hunde por debajo de las condiciones de existencia de su propia clase

hy sink onder die bestaansvoorwaardes van sy eie klas

Se convierte en un indigente, y el pauperismo se desarrolla más rápidamente que la población y la riqueza

Hy word 'n armes, en pauperisme ontwikkel vinniger as bevolking en rykdom

Y aquí se hace evidente que la burguesía ya no es apta para ser la clase dominante de la sociedad

En hier word dit duidelik dat die bourgeoisie nie meer geskik is om die heersersklas in die samelewing te wees nie

y no es apta para imponer sus condiciones de existencia a la sociedad como una ley imperativa

en dit is ongeskik om sy bestaansvoorwaardes op die samelewing af te dwing as 'n oorheersende wet

Es incapaz de gobernar porque es incapaz de asegurar una existencia a su esclavo dentro de su esclavitud

Dit is ongeskik om te regeer omdat dit onbevoeg is om 'n bestaan aan sy slaaf binne sy slawerny te verseker

porque no puede evitar dejarlo hundirse en tal estado, que tiene que alimentarlo, en lugar de ser alimentado por él

want dit kan nie help om hom in so 'n toestand te laat wegsink nie, dat dit hom moet voed, in plaas daarvan om deur hom gevoed te word

La sociedad ya no puede vivir bajo esta burguesía

Die samelewing kan nie meer onder hierdie bourgeoisie leef
nie

**En otras palabras, su existencia ya no es compatible con la
sociedad**

Met ander woorde, die bestaan daarvan is nie meer
versoenbaar met die samelewing nie

**La condición esencial para la existencia y el dominio de la
burguesía es la formación y el aumento del capital**

Die wesenlike voorwaarde vir die bestaan en vir die
heerskappy van die bourgeoisieklas is die vorming en
vermeerdering van kapitaal

La condición del capital es el trabajo asalariado

Die voorwaarde vir kapitaal is loonarbeid

**El trabajo asalariado se basa exclusivamente en la
competencia entre los trabajadores**

Loonarbeid berus uitsluitlik op mededinging tussen die
arbeiders

**El avance de la industria, cuyo promotor involuntario es la
burguesía, sustituye al aislamiento de los obreros**

Die vooruitgang van die nywerheid, wie se onwillekeurige
promotor die bourgeoisie is, vervang die isolasie van die
arbeiders

**por la competencia, por su combinación revolucionaria, por
la asociación**

as gevolg van mededinging, as gevolg van hul revolusionêre
kombinasie, as gevolg van assosiasie

**El desarrollo de la industria moderna corta bajo sus pies los
cimientos mismos sobre los cuales la burguesía produce y se
apropia de los productos**

Die ontwikkeling van die moderne nywerheid sny die
fondament waarop die bourgeoisie produkte produseer en
toeëien onder sy voete af

**Lo que la burguesía produce, sobre todo, son sus propios
sepultureros**

Wat die bourgeoisie produseer, is bowenal sy eie grafdelwers

La caída de la burguesía y la victoria del proletariado son igualmente inevitables
Die val van die bourgeoisie en die oorwinning van die proletariaat is ewe onvermydelik

Proletarios y comunistas
Proletariërs en kommuniste

¿Qué relación tienen los comunistas con el conjunto de los proletarios?

In watter verhouding staan die Kommuniste tot die proletariërs as geheel?

Los comunistas no forman un partido separado opuesto a otros partidos de la clase obrera

Die Kommuniste vorm nie 'n aparte party wat teen ander werkersklaspartye gekant is nie

No tienen intereses separados y aparte de los del proletariado en su conjunto

Hulle het geen belange apart en apart van dié van die proletariaat as geheel nie

No establecen ningún principio sectario propio, con el cual dar forma y moldear el movimiento proletario

Hulle stel geen sektariese beginsels van hul eie op om die proletariese beweging te vorm en te vorm nie

Los comunistas se distinguen de los demás partidos obreros sólo por dos cosas

Die Kommuniste onderskei slegs twee dinge van die ander werkersklaspartye

En primer lugar, señalan y ponen en primer plano los intereses comunes de todo el proletariado, independientemente de toda nacionalidad

Eerstens wys hulle die gemeenskaplike belange van die hele proletariaat, onafhanklik van alle nasionaliteit, na vore

Esto lo hacen en las luchas nacionales de los proletarios de los diferentes países

Dit doen hulle in die nasionale stryd van die proletariërs van die verskillende lande

En segundo lugar, siempre y en todas partes representan los intereses del movimiento en su conjunto

Tweedens verteenwoordig hulle altyd en oral die belange van die beweging as geheel

esto lo hacen en las diversas etapas de desarrollo por las que tiene que pasar la lucha de la clase obrera contra la burguesía

dit doen hulle in die verskillende stadiums van ontwikkeling, waardeur die stryd van die werkersklas teen die bourgeoisie moet gaan

Los comunistas son, por lo tanto, por una parte, prácticamente, el sector más avanzado y resuelto de los partidos obreros de todos los países

Die Kommuniste is dus aan die een kant, feitlik, die mees gevorderde en vasberade deel van die werkersklaspartye van elke land

Son ese sector de la clase obrera que empuja hacia adelante a todos los demás

hulle is daardie deel van die werkersklas wat alle ander vorentoe stoot

Teóricamente, también tienen la ventaja de entender claramente la línea de marcha

Teoreties het hulle ook die voordeel dat hulle die marslyn duidelik verstaan

Esto lo comprenden mejor comparado con la gran masa del proletariado

Dit verstaan hulle beter in vergelyking met die groot massa van die proletariaat

Comprenden las condiciones y los resultados generales finales del movimiento proletario

Hulle verstaan die toestande en die uiteindelike algemene resultate van die proletariese beweging

El objetivo inmediato del comunista es el mismo que el de todos los demás partidos proletarios

Die onmiddellike doel van die Kommunistiese is dieselfde as dié van al die ander proletariese partye

Su objetivo es la formación del proletariado en una clase

Hulle doel is die vorming van die proletariaat in 'n klas

su objetivo es derrocar la supremacía burguesa

hulle poog om die oppergesag van die bourgeoisie omver te werp

la lucha por la conquista del poder político por el proletariado

die strewe na die verowering van politieke mag deur die proletariaat

Las conclusiones teóricas de los comunistas no se basan en modo alguno en ideas o principios de reformadores

Die teoretiese gevolgtrekkings van die Kommuniste is geensins gebaseer op idees of beginsels van hervormers nie

no fueron los aspirantes a reformadores universales los que inventaron o descubrieron las conclusiones teóricas de los comunistas

dit was nie voornemende universele hervormers wat die teoretiese gevolgtrekkings van die Kommuniste uitgevind of ontdek het nie

Se limitan a expresar, en términos generales, las relaciones reales que surgen de una lucha de clases existente

Hulle druk bloot in algemene terme werklike verhoudings uit wat uit 'n bestaande klassestryd spruit

Y describen el movimiento histórico que está ocurriendo ante nuestros propios ojos y que ha creado esta lucha de clases

en hulle beskryf die historiese beweging wat onder ons oë aan die gang is wat hierdie klassestryd geskep het

La abolición de las relaciones de propiedad existentes no es en absoluto un rasgo distintivo del comunismo

Die afskaffing van bestaande eiendomsverhoudinge is glad nie 'n kenmerkende kenmerk van kommunisme nie

Todas las relaciones de propiedad en el pasado han estado continuamente sujetas a cambios históricos

Alle eiendomsverhoudinge in die verlede was voortdurend onderhewig aan historiese verandering

y estos cambios fueron consecuencia del cambio en las condiciones históricas

en hierdie veranderinge was die gevolg van die verandering
in historiese toestande

**La Revolución Francesa, por ejemplo, abolió la propiedad
feudal en favor de la propiedad burguesa**

Die Franse Revolusie het byvoorbeeld feodale eiendom
afgeskaf ten gunste van bourgeoisie-eiendom

**El rasgo distintivo del comunismo no es la abolición de la
propiedad, en general**

Die onderskeidende kenmerk van kommunisme is nie die
afskaffing van eiendom oor die algemeen nie

**pero el rasgo distintivo del comunismo es la abolición de la
propiedad burguesa**

maar die onderskeidende kenmerk van kommunisme is die
afskaffing van bourgeoisie-eiendom

**Pero la propiedad privada de la burguesía moderna es la
expresión última y más completa del sistema de producción
y apropiación de productos**

Maar die moderne bourgeoisie se private eiendom is die finale
en mees volledige uitdrukking van die stelsel van die
vervaardiging en toe-eiening van produkte

**Es el estado final de un sistema que se basa en los
antagonismos de clase, donde el antagonismo de clase es la
explotación de la mayoría por unos pocos**

Dit is die finale toestand van 'n stelsel wat gebaseer is op
klasse-antagonismes, waar klasse-antagonisme die uitbuiting
van die baie deur die min is

**En este sentido, la teoría de los comunistas puede resumirse
en una sola frase; la abolición de la propiedad privada**

In hierdie sin kan die teorie van die Kommuniste in die enkele
sin opgesom word; die afskaffing van privaat eiendom

**A los comunistas se nos ha reprochado el deseo de abolir el
derecho de adquirir personalmente la propiedad**

Ons kommuniste is verwyt oor die begeerte om die reg om
eiendom persoonlik te bekom af te skaf

**Se afirma que esta propiedad es el fruto del propio trabajo
de un hombre**

Daar word beweer dat hierdie eiendom die vrug van 'n man se eie arbeid is

y se alega que esta propiedad es la base de toda libertad, actividad e independencia personal.

en hierdie eiendom is na bewering die grondslag van alle persoonlike vryheid, aktiwiteit en onafhanklikheid.

"¡Propiedad ganada con esfuerzo, adquirida por uno mismo, ganada por uno mismo!"

"Swaarwonne, selfverworwe, selfverdiende eiendom!"

¿Te refieres a la propiedad del pequeño artesano y del pequeño campesino?

Bedoel jy die eiendom van die klein ambagsman en van die kleinboer?

¿Te refieres a una forma de propiedad que precedió a la forma burguesa?

Bedoel jy 'n vorm van eiendom wat die bourgeoisie-vorm voorafgegaan het?

No hay necesidad de abolir eso, el desarrollo de la industria ya lo ha destruido en gran medida

Dit is nie nodig om dit af te skaf nie, die ontwikkeling van die nywerheid het dit reeds tot 'n groot mate vernietig

y el desarrollo de la industria sigue destruyéndola diariamente

en die ontwikkeling van die nywerheid vernietig dit steeds daagliks

¿O te refieres a la propiedad privada de la burguesía moderna?

Of bedoel jy moderne bourgeoisie private eiendom?

Pero, ¿crea el trabajo asalariado alguna propiedad para el trabajador?

Maar skep loonarbeid enige eiendom vir die arbeider?

¡No, el trabajo asalariado no crea ni una pizca de este tipo de propiedad!

Nee, loonarbeid skep nie 'n bietjie van hierdie soort eiendom nie!

Lo que sí crea el trabajo asalariado es capital; ese tipo de propiedad que explota el trabajo asalariado

wat loonarbeid wel skep, is kapitaal; daardie soort eiendom wat loonarbeid uitbuit

El capital no puede aumentar sino a condición de engendrar una nueva oferta de trabajo asalariado para una nueva explotación

kapitaal kan nie toeneem nie, behalwe op voorwaarde dat 'n nuwe aanbod van loonarbeid vir nuwe uitbuiting verwek word

La propiedad, en su forma actual, se basa en el antagonismo entre el capital y el trabajo asalariado

Eiendom, in sy huidige vorm, is gebaseer op die antagonisme van kapitaal en loonarbeid

Examinemos los dos lados de este antagonismo

Kom ons ondersoek beide kante van hierdie antagonisme

Ser capitalista es tener no sólo un estatus puramente personal

Om 'n kapitalis te wees, is om nie net 'n suiwer persoonlike status te hê nie

En cambio, ser capitalista es también tener un estatus social en la producción

in plaas daarvan, om 'n kapitalis te wees, is ook om 'n sosiale status in produksie te hê

porque el capital es un producto colectivo; Sólo mediante la acción unida de muchos miembros puede ponerse en marcha

omdat kapitaal 'n kollektiewe produk is; Slegs deur die verenigde optrede van baie lede kan dit aan die gang gesit word

Pero esta acción unida es el último recurso, y en realidad requiere de todos los miembros de la sociedad

Maar hierdie verenigde optrede is 'n laaste uitweg, en vereis eintlik alle lede van die samelewing

El capital se convierte en propiedad de todos los miembros de la sociedad

Kapitaal word wel omskep in die eiendom van alle lede van die samelewing

pero el Capital no es, por lo tanto, un poder personal; Es un poder social

maar kapitaal is dus nie 'n persoonlike mag nie; dit is 'n sosiale mag

Así, cuando el capital se convierte en propiedad social, la propiedad personal no se transforma en propiedad social

Wanneer kapitaal dus in sosiale eiendom omskep word, word persoonlike eiendom nie daardeur in sosiale eiendom omskep nie

Lo único que cambia es el carácter social de la propiedad y pierde su carácter de clase

Dit is slegs die sosiale karakter van die eiendom wat verander word en sy klaskarakter verloor

Veamos ahora el trabajo asalariado

Kom ons kyk nou na loonarbeid

El precio medio del trabajo asalariado es el salario mínimo, es decir, la cantidad de medios de subsistencia

Die gemiddelde prys van loonarbeid is die minimum loon, dit wil sê daardie hoeveelheid van die bestaansmiddele

Este salario es absolutamente necesario en la mera existencia de un obrero

Hierdie loon is absoluut noodsaaklik in die blote bestaan as 'n arbeider

Por lo tanto, lo que el asalariado se apropia por medio de su trabajo, sólo basta para prolongar y reproducir una existencia desnuda

Wat die loonarbeider dus deur middel van sy arbeid toeëien, is bloot voldoende om 'n blote bestaan te verleng en voort te plant

De ninguna manera pretendemos abolir esta apropiación personal de los productos del trabajo

Ons is geensins van plan om hierdie persoonlike toe-eiening van die produkte van arbeid af te skaf nie

una apropiación que se hace para el mantenimiento y la reproducción de la vida humana

'n toe-eiening wat gemaak word vir die instandhouding en voortplanting van menslike lewe

Tal apropiación personal de los productos del trabajo no deja ningún excedente con el que ordenar el trabajo de otros

sulke persoonlike toe-eiening van die produkte van arbeid laat geen surplus oor waarmee die arbeid van ander beveel kan word nie

Lo único que queremos eliminar es el carácter miserable de esta apropiación

Al waarmee ons wil wegdoen, is die ellendige karakter van hierdie toe-eiening

la apropiación bajo la cual vive el obrero sólo para aumentar el capital

die toe-eiening waaronder die arbeider leef bloot om kapitaal te vermeerder

Sólo se le permite vivir en la medida en que lo exija el interés de la clase dominante

hy word slegs toegelaat om te lewe in soverre die belang van die heersersklas dit vereis

En la sociedad burguesa, el trabajo vivo no es más que un medio para aumentar el trabajo acumulado

In die bourgeoisie-samelewing is lewende arbeid slegs 'n manier om opgehoopte arbeid te vermeerder

En la sociedad comunista, el trabajo acumulado no es más que un medio para ampliar, para enriquecer y para promover la existencia del obrero

In die kommunistiese samelewing is opgehoopte arbeid slegs 'n manier om die bestaan van die arbeider te verbreed, te verryk, te bevorder

En la sociedad burguesa, por lo tanto, el pasado domina al presente

In die bourgeoisie-samelewing oorheers die verlede dus die hede

en la sociedad comunista el presente domina al pasado

in die kommunistiese samelewing oorheers die hede die verlede

En la sociedad burguesa el capital es independiente y tiene individualidad

In die bourgeoisie-samelewing is kapitaal onafhanklik en het individualiteit

En la sociedad burguesa la persona viva es dependiente y no tiene individualidad

In die bourgeoisie-samelewing is die lewende persoon afhanklik en het geen individualiteit nie

¡Y la abolición de este estado de cosas es llamada por la burguesía, abolición de la individualidad y de la libertad!

En die afskaffing van hierdie stand van sake word deur die bourgeoisie die afskaffing van individualiteit en vryheid genoem!

¡Y con razón se llama la abolición de la individualidad y de la libertad!

En dit word tereg die afskaffing van individualiteit en vryheid genoem!

El comunismo aspira a la abolición de la individualidad burguesa

Kommunisme beoog die afskaffing van die burgerlike individualiteit

El comunismo pretende la abolición de la independencia burguesa

Kommunisme beoog die afskaffing van die onafhanklikheid van die bourgeoisie

La libertad burguesa es, sin duda, a lo que aspira el comunismo

Bourgeoisievryheid is ongetwyfeld waarna kommunisme mik

en las actuales condiciones de producción de la burguesía, la libertad significa libre comercio, libre venta y compra

onder die huidige bourgeoisie-produksietoestande beteken vryheid vrye handel, vrye verkoop en koop

Pero si desaparece la venta y la compra, también desaparece la libre venta y la compra

Maar as verkoop en koop verdwyn, verdwyn vrye verkoop en koop ook

Las "palabras valientes" de la burguesía sobre la libre venta y compra sólo tienen sentido en un sentido limitado

"dapper woorde" deur die bourgeoisie oor vrye verkoop en koop het slegs betekenis in 'n beperkte sin

Estas palabras tienen significado solo en contraste con la venta y la compra restringidas

Hierdie woorde het slegs betekenis in teenstelling met beperkte verkoop en koop

y estas palabras sólo tienen sentido cuando se aplican a los comerciantes encadenados de la Edad Media

en hierdie woorde het slegs betekenis wanneer dit toegepas word op die geboeide handelaars van die Middeleeue

y eso supone que estas palabras incluso tienen un significado en un sentido burgués

en dit veronderstel dat hierdie woorde selfs betekenis het in 'n bourgeoisie sin

pero estas palabras no tienen ningún significado cuando se usan para oponerse a la abolición comunista de la compra y venta

maar hierdie woorde het geen betekenis wanneer dit gebruik word om die kommunistiese afskaffing van koop en verkoop teen te staan nie

las palabras no tienen sentido cuando se usan para oponerse a la abolición de las condiciones de producción de la burguesía

die woorde het geen betekenis as dit gebruik word om die afskaffing van die produksievoorwaardes van die bourgeoisie teen te staan nie

y no tienen ningún sentido cuando se utilizan para oponerse a la abolición de la propia burguesía

en hulle het geen betekenis wanneer hulle gebruik word om die bourgeoisie self teen te staan nie, wat afgeskaf word

Ustedes están horrorizados de nuestra intención de acabar con la propiedad privada

U is geskok oor ons voorneme om weg te doen met privaat
eiendom

**Pero en la sociedad actual, la propiedad privada ya ha sido
eliminada para las nueve décimas partes de la población**

Maar in jou bestaande samelewing word private eiendom
reeds weggedoen vir nege tiendes van die bevolking

**La existencia de la propiedad privada para unos pocos se
debe únicamente a su inexistencia en manos de las nueve
décimas partes de la población**

Die bestaan van private eiendom vir die min is uitsluitlik te
wyte aan die nie-bestaan daarvan in die hande van nege
tiendes van die bevolking

**Por lo tanto, nos reprochas que pretendamos acabar con una
forma de propiedad**

U verwyt ons dus dat ons van plan is om weg te doen met 'n
vorm van eiendom

**Pero la propiedad privada requiere la inexistencia de
propiedad alguna para la inmensa mayoría de la sociedad**

maar private eiendom noodsaak die nie-bestaan van enige
eiendom vir die oorgrote meerderheid van die samelewing

**En una palabra, nos reprochas que pretendamos acabar con
tu propiedad**

In een woord, jy verwyt ons dat ons van plan is om weg te
doen met jou eiendom

**Y es precisamente así; prescindir de su propiedad es justo lo
que pretendemos**

En dit is presies so; om weg te doen met jou eiendom is net
wat ons van plan is

**Desde el momento en que el trabajo ya no puede convertirse
en capital, dinero o renta**

Vanaf die oomblik wanneer arbeid nie meer in kapitaal, geld
of huur omskep kan word nie

**cuando el trabajo ya no puede convertirse en un poder social
capaz de ser monopolizado**

wanneer arbeid nie meer omskep kan word in 'n sosiale mag
wat gemonopoliseer kan word nie

desde el momento en que la propiedad individual ya no puede transformarse en propiedad burguesa

vanaf die oomblik wanneer individuele eiendom nie meer in bourgeoisie-eiendom omskep kan word nie

desde el momento en que la propiedad individual ya no puede transformarse en capital

vanaf die oomblik wanneer individuele eiendom nie meer in kapitaal omskep kan word nie

A partir de ese momento, dices que la individualidad se desvanece

Van daardie oomblik af sê jy individualiteit verdwyn

Debéis confesar, pues, que por "individuo" no os referimos a otra persona que a la burguesía

U moet dus erken dat u met "individueel" geen ander persoon as die bourgeoisie bedoel nie

Debes confesar que se refiere específicamente al propietario de una propiedad de clase media

U moet erken dat dit spesifiek verwys na die middelklas-eienaar van eiendom

Esta persona debe, en verdad, ser barrida del camino, y hecha imposible

Hierdie persoon moet inderdaad uit die pad gevee word, en onmoontlik gemaak word

El comunismo no priva a ningún hombre del poder de apropiarse de los productos de la sociedad

Kommunisme ontneem geen mens van die mag om die produkte van die samelewing toe te eien nie

todo lo que hace el comunismo es privarlo del poder de subyugar el trabajo de otros por medio de tal apropiación

al wat kommunisme doen, is om hom van die mag te ontneem om die arbeid van ander deur middel van sulke toe-eiening te onderwerp

Se ha objetado que, tras la abolición de la propiedad privada, cesará todo trabajo

Daar is beswaar gemaak dat by die afskaffing van private eiendom alle werk sal staak

y entonces se sugiere que la pereza universal se apoderará de nosotros

en daar word dan voorgestel dat universele luiheid ons sal inhaal

De acuerdo con esto, la sociedad burguesa debería haber ido hace mucho tiempo a los perros por pura ociosidad

Hiervolgens moes die bourgeoisie-samelewing lankal deur pure ledigheid na die honde gegaan het

porque los de sus miembros que trabajan, no adquieren nada

omdat die lede wat werk, niks verkry nie

y los de sus miembros que adquieren algo, no trabajan

en dié van sy lede wat iets bekom, werk nie

Toda esta objeción no es más que otra expresión de la tautología

Die hele beswaar is maar nog 'n uitdrukking van die tautologie

Ya no puede haber trabajo asalariado cuando ya no hay capital

daar kan geen loonarbeid meer wees as daar nie meer kapitaal is nie

No hay diferencia entre los productos materiales y los productos mentales

Daar is geen verskil tussen materiële produkte en geestelike produkte nie

El comunismo propone que ambos se producen de la misma manera

Kommunisme stel voor dat albei op dieselfde manier geproduseer word

pero las objeciones contra los modos comunistas de producirlos son las mismas

maar die besware teen die kommunistiese maniere om dit te produseer is dieselfde

para la burguesía, la desaparición de la propiedad de clase es la desaparición de la producción misma

vir die bourgeoisie is die verdwyning van klasse-eiendom die
verdwyning van produksie self

**De modo que la desaparición de la cultura de clase es para él
idéntica a la desaparición de toda cultura**

dus is die verdwyning van klassekultuur vir hom identies met
die verdwyning van alle kultuur

**Esa cultura, cuya pérdida lamenta, es para la inmensa
mayoría un mero entrenamiento para actuar como una
máquina**

Daardie kultuur, waarvan hy die verlies betreur, is vir die
oorgrote meerderheid 'n blote opleiding om as 'n masjien op te
tree

**Los comunistas tienen la firme intención de abolir la cultura
de la propiedad burguesa**

Kommuniste is baie van plan om die kultuur van bourgeoisie-
eiendom af te skaf

**Pero no discutan con nosotros mientras apliquen el estándar
de sus nociones burguesas de libertad, cultura, ley, etc**

Maar moenie met ons stry solank jy die standaard van jou
bourgeoisie-idees van vryheid, kultuur, wet, ens toepas nie

**Vuestras mismas ideas no son más que el resultado de las
condiciones de la producción burguesa y de la propiedad
burguesa**

Jou idees is maar net die uitvloeisel van die toestande van jou
bourgeoisieproduksie en bourgeoisie-eiendom

**del mismo modo que vuestra jurisprudencia no es más que
la voluntad de vuestra clase convertida en ley para todos**

net soos jou regspraak maar net die wil van jou klas is wat tot
'n wet vir almal gemaak is

**El carácter esencial y la dirección de esta voluntad están
determinados por las condiciones económicas que crea su
clase social**

Die wesenlike karakter en rigting van hierdie wil word bepaal
deur die ekonomiese toestande wat jou sosiale klas skep

El concepto erróneo egoísta que te induce a transformar las formas sociales en leyes eternas de la naturaleza y de la razón

Die selfsugtige wanopvatting wat jou oorreed om sosiale vorme in ewige natuurwette en rede te omskep

las formas sociales que brotan de vuestro actual modo de producción y de vuestra forma de propiedad

die sosiale vorme wat voortspruit uit jou huidige produksiewyse en vorm van eiendom

relaciones históricas que surgen y desaparecen en el progreso de la producción

historiese verhoudings wat styg en verdwyn in die vordering van produksie

Este concepto erróneo lo compartes con todas las clases dominantes que te han precedido

hierdie wanopvatting deel jy met elke heersersklas wat jou voorafgegaan het

Lo que se ve claramente en el caso de la propiedad antigua, lo que se admite en el caso de la propiedad feudal

Wat jy duidelik sien in die geval van antieke eiendom, wat jy erken in die geval van feodale eiendom

estas cosas, por supuesto, le está prohibido admitir en el caso de su propia forma burguesa de propiedad

hierdie dinge word u natuurlik verbied om te erken in die geval van u eie bourgeoisie-vorm van eiendom

¡Abolición de la familia! Hasta los más radicales estallan ante esta infame propuesta de los comunistas

Afskaffing van die gesin! Selfs die mees radikale vlam op by hierdie berugte voorstel van die Kommuniste

¿Sobre qué base se asienta la familia actual, la familia Bourgeoisie?

Op watter grondslag is die huidige familie, die Bourgeoisie-familie, gebaseer?

La base de la familia actual se basa en el capital y la ganancia privada

Die grondslag van die huidige gesin is gebaseer op kapitaal en
private gewin

**En su forma completamente desarrollada, esta familia sólo
existe entre la burguesía**

In sy volledig ontwikkelde vorm bestaan hierdie familie slegs
onder die bourgeoisie

**Este estado de cosas encuentra su complemento en la
ausencia práctica de la familia entre los proletarios**

Hierdie stand van sake vind sy aanvulling in die praktiese
afwesigheid van die gesin onder die proletariërs

**Este estado de cosas se puede encontrar en la prostitución
pública**

Hierdie stand van sake kan gevind word in openbare
prostitusie

**La familia Bourgeoisie se desvanecerá como algo natural
cuando su complemento se desvanezca**

Die Bourgeoisie-familie sal vanselfsprekend verdwyn
wanneer sy komplement verdwyn

y ambos se desvanecerán con la desaparición del capital

en albei sal verdwyn met die verdwyning van kapitaal

**¿Nos acusan de querer detener la explotación de los niños
por parte de sus padres?**

Beskuldig u ons daarvan dat ons die uitbuiting van kinders
deur hul ouers wil stop?

De este crimen nos declaramos culpables

Aan hierdie misdaad pleit ons skuldig

**Pero, dirás, destruimos la más sagrada de las relaciones,
cuando reemplazamos la educación en el hogar por la
educación social**

Maar, jy sal sê, ons vernietig die heiligste verhoudings
wanneer ons tuisonderwys deur sosiale opvoeding vervang

**¿No es también social su educación? ¿Y no está determinado
por las condiciones sociales en las que se educa?**

Is jou opvoeding nie ook sosiaal nie? En word dit nie bepaal
deur die sosiale omstandighede waaronder jy opvoed nie?

por la intervención, directa o indirecta, de la sociedad, por medio de las escuelas, etc.

deur die ingryping, direk of indirek, van die samelewing, deur middel van skole, ens.

Los comunistas no han inventado la intervención de la sociedad en la educación

Die kommuniste het nie die ingryping van die samelewing in die onderwys uitgevind nie

lo único que pretenden es alterar el carácter de esa intervención

hulle poog maar om die karakter van daardie ingryping te verander

y buscan rescatar la educación de la influencia de la clase dominante

en hulle poog om onderwys van die invloed van die heersersklas te red

La burguesía habla de la sagrada correlación entre padres e hijos

Die bourgeoisie praat van die heilige naverhouding tussen ouer en kind

pero esta trampa sobre la familia y la educación se vuelve aún más repugnante cuando miramos a la industria moderna

maar hierdie klapval oor die gesin en opvoeding word des te walgliker as ons na die moderne industrie kyk

Todos los lazos familiares entre los proletarios son desgarrados por la industria moderna

Alle familiebande onder die proletariërs word deur die moderne nywerheid verskeur

Sus hijos se transforman en simples artículos de comercio e instrumentos de trabajo

hul kinders word omskep in eenvoudige handelsartikels en arbeidsinstrumente

Pero vosotros, los comunistas, creáis una comunidad de mujeres, grita a coro toda la burguesía

Maar julle kommuniste sou 'n gemeenskap van vroue skep, skree die hele bourgeoisie in koor

La burguesía ve en su mujer un mero instrumento de producción

Die bourgeoisie sien in sy vrou 'n blote produksie-instrument

Oye que los instrumentos de producción deben ser explotados por todos

Hy hoor dat die produksie-instrumente deur almal uitgebuit moet word

Y, naturalmente, no puede llegar a otra conclusión que la de que la suerte de ser común a todos recaerá igualmente en las mujeres

en natuurlik kan hy tot geen ander gevolgtrekking kom as dat die lot om almal gemeenskaplik te wees, eweneens op vroue sal val nie

Ni siquiera sospecha que el verdadero objetivo es acabar con la condición de la mujer como meros instrumentos de producción

Hy het nie eens 'n vermoede dat die eintlike punt is om weg te doen met die status van vroue as blote produksie-instrumente nie

Por lo demás, nada es más ridículo que la virtuosa indignación de nuestra burguesía contra la comunidad de mujeres

Vir die res is niks meer belaglik as die deugsame verontwaardiging van ons bourgeoisie oor die gemeenskap van vroue nie

pretenden que sea abierta y oficialmente establecida por los comunistas

hulle gee voor dat dit openlik en amptelik deur die Kommuniste gestig is

Los comunistas no tienen necesidad de introducir la comunidad de mujeres, ha existido casi desde tiempos inmemoriales

Die Kommuniste het nie nodig om 'n gemeenskap van vroue in te stel nie, dit bestaan amper van ouds af

Nuestra burguesía no se contenta con tener a su disposición a las mujeres e hijas de sus proletarios

Ons bourgeoisie is nie tevrede daarmee om die vrouens en dogters van hul proletariërs tot hul beskikking te hê nie

Tienen el mayor placer en seducir a las esposas de los demás

hulle het die grootste plesier daarin om mekaar se vrouens te verlei

Y eso sin hablar de las prostitutas comunes

en dit is nie eens om van gewone prostitute te praat nie

El matrimonio burgués es en realidad un sistema de esposas en común

Bourgeoisie-huwelik is in werklikheid 'n stelsel van vrouens in gemeen

entonces hay una cosa que se podría reprochar a los comunistas

dan is daar een ding waaroor die Kommuniste moontlik verwyt kan word

Desean introducir una comunidad de mujeres abiertamente legalizada

hulle begeer om 'n openlik gewettigde gemeenskap van vroue in te stel

en lugar de una comunidad de mujeres hipócritamente oculta

eerder as 'n skynheilige verborge gemeenskap van vroue

la comunidad de mujeres que surgen del sistema de producción

die gemeenskap van vroue wat uit die produksiestelsel ontstaan

abolid el sistema de producción y abolid la comunidad de mujeres

skaf die produksiestelsel af, en jy skaf die gemeenskap van vroue af

Se suprime la prostitución pública y la prostitución privada

beide openbare prostitusie word afgeskaf, en private prostitusie

A los comunistas se les reprocha, además, que desean abolir los países y las nacionalidades

Die Kommuniste word verder meer verwyt dat hulle lande en nasionaliteit wil afskaf

Los trabajadores no tienen patria, así que no podemos quitarles lo que no tienen

Die werkers het geen land nie, daarom kan ons nie van hulle neem wat hulle nie het nie

El proletariado debe, ante todo, adquirir la supremacía política

Die proletariaat moet eerstens politieke oppergesag verkry

El proletariado debe elevarse para ser la clase dirigente de la nación

die proletariaat moet opstaan om die leidende klas van die nasie te wees

El proletariado debe constituirse en la nación

die proletariaat moet homself as die nasie konstitueer

es, hasta ahora, nacional, aunque no en el sentido burgués de la palabra

dit is tot dusver self nasionaal, hoewel nie in die bourgeoisie sin van die woord nie

Las diferencias nacionales y los antagonismos entre los pueblos desaparecen cada día más

Nasionale verskille en antagonismes tussen volke verdwyn daagliks meer en meer

debido al desarrollo de la burguesía, a la libertad de comercio, al mercado mundial

as gevolg van die ontwikkeling van die bourgeoisie, tot vryheid van handel, tot die wêreldmark

a la uniformidad en el modo de producción y en las condiciones de vida correspondientes

tot eenvormigheid in die produksiewyse en in die lewensomstandighede wat daarmee ooreenstem

La supremacía del proletariado hará que desaparezcan aún más rápidamente

Die oppergesag van die proletariaat sal veroorsaak dat hulle nog vinniger verdwyn

La acción unida, al menos de los principales países civilizados, es una de las primeras condiciones para la emancipación del proletariado

Verenigde optrede, ten minste van die voorste beskaafde lande, is een van die eerste voorwaardes vir die emansipasie van die proletariaat

En la medida en que se ponga fin a la explotación de un individuo por otro, también se pondrá fin a la explotación de una nación por otra.

In verhouding tot die uitbuiting van een individu deur 'n ander 'n einde gemaak word, sal die uitbuiting van een nasie deur 'n ander ook 'n einde gemaak word aan

A medida que desaparezca el antagonismo entre las clases dentro de la nación, la hostilidad de una nación hacia otra llegará a su fin

In mate die antagonisme tussen klasse binne die nasie verdwyn, sal die vyandigheid van een nasie teenoor 'n ander tot 'n einde kom

Las acusaciones contra el comunismo hechas desde un punto de vista religioso, filosófico y, en general, ideológico, no merecen un examen serio

Die aanklagte teen kommunisme wat vanuit 'n godsdienstige, filosofiese en oor die algemeen vanuit 'n ideologiese oogpunt gemaak word, verdien nie ernstige ondersoek nie

¿Se requiere una intuición profunda para comprender que las ideas, puntos de vista y concepciones del hombre cambian con cada cambio en las condiciones de su existencia material?

Vereis dit diep intuïsie om te begryp dat die mens se idees, sienings en opvattings verander met elke verandering in die toestande van sy materiële bestaan?

¿No es obvio que la conciencia del hombre cambia cuando cambian sus relaciones sociales y su vida social?

Is dit nie duidelik dat die mens se bewussyn verander wanneer sy sosiale verhoudings en sy sosiale lewe verander nie?

¿Qué otra cosa prueba la historia de las ideas sino que la producción intelectual cambia de carácter a medida que cambia la producción material?

Wat anders bewys die geskiedenis van idees as dat intellektuele produksie sy karakter verander in verhouding tot materiële produksie verander?

Las ideas dominantes de cada época han sido siempre las ideas de su clase dominante

Die heersende idees van elke era was nog altyd die idees van sy heersersklas

Cuando se habla de ideas que revolucionan la sociedad, no hace más que expresar un hecho

Wanneer mense praat van idees wat 'n rewolusie in die samelewing maak, spreek hulle net een feit uit

Dentro de la vieja sociedad, se han creado los elementos de una nueva

Binne die ou samelewing is die elemente van 'n nuwe een geskep

y que la disolución de las viejas ideas sigue el mismo ritmo que la disolución de las viejas condiciones de existencia

en dat die ontbinding van die ou idees ewe tred hou met die ontbinding van die ou bestaansvoorwaardes

Cuando el mundo antiguo estaba en sus últimos estertores, las religiones antiguas fueron vencidas por el cristianismo

Toe die antieke wêreld in sy laaste weë was, is die antieke godsdienste deur die Christendom oorwin

Cuando las ideas cristianas sucumbieron en el siglo XVIII a las ideas racionalistas, la sociedad feudal libró su batalla a muerte contra la burguesía revolucionaria de entonces

Toe Christelike idees in die 18de eeu voor rasionalistiese idees beswyk het, het die feodale samelewing sy doodstryd met die destydse revolusionêre bourgeoisie gevoer

Las ideas de la libertad religiosa y de la libertad de conciencia no hacían más que expresar el dominio de la libre competencia en el dominio del conocimiento

Die idees van godsdiensvryheid en gewetensvryheid het bloot uitdrukking gegee aan die heerskappy van vrye mededinging binne die domein van kennis

"Indudablemente", se dirá, "las ideas religiosas, morales, filosóficas y jurídicas se han modificado en el curso del desarrollo histórico"

"Ongetwyfeld," sal gesê word, "is godsdienstige, morele, filosofiese en juridiese idees in die loop van historiese ontwikkeling verander"

"Pero la religión, la filosofía de la moral, la ciencia política y el derecho, sobrevivieron constantemente a este cambio"

"Maar godsdiens, moraliteitsfilosofie, politieke wetenskap en reg het hierdie verandering voortdurend oorleef"

"También hay verdades eternas, como la Libertad, la Justicia, etc."

"Daar is ook ewige waarhede, soos vryheid, geregtigheid, ens."

"Estas verdades eternas son comunes a todos los estados de la sociedad"

"Hierdie ewige waarhede is algemeen vir alle state van die samelewing"

"Pero el comunismo suprime las verdades eternas, suprime toda religión y toda moral"

"Maar kommunisme skaf ewige waarhede af, dit skaf alle godsdiens en alle moraliteit af"

"Lo hace en lugar de constituirlos sobre una nueva base"

"Dit doen dit in plaas daarvan om hulle op 'n nuwe basis te konstitueer"

"Por lo tanto, actúa en contradicción con toda la experiencia histórica pasada"

"dit tree dus in stryd met alle historiese ervaring uit die verlede op"

¿A qué se reduce esta acusación?

Waartoe verminder hierdie beskuldiging homself?

La historia de toda la sociedad pasada ha consistido en el desarrollo de antagonismos de clase

Die geskiedenis van die hele vorige samelewing het bestaan
uit die ontwikkeling van klasse-antagonismes

**antagonismos que asumieron diferentes formas en
diferentes épocas**

antagonismes wat verskillende vorme in verskillende
tydperke aangeneem het

**Pero cualquiera que sea la forma que hayan tomado, un
hecho es común a todas las épocas pasadas**

Maar watter vorm hulle ook al aangeneem het, een feit is
algemeen vir alle vorige eeue

la explotación de una parte de la sociedad por la otra

die uitbuiting van die een deel van die samelewing deur die
ander

**No es de extrañar, pues, que la conciencia social de épocas
pasadas se mueva dentro de ciertas formas comunes o ideas
generales**

Geen wonder dus dat die sosiale bewussyn van vorige eeue
binne sekere algemene vorme of algemene idees beweeg nie

**(y eso a pesar de toda la multiplicidad y variedad que
muestra)**

(en dit is ten spyte van al die veelheid en verskeidenheid wat
dit vertoon)

**y éstos no pueden desaparecer por completo sino con la
desaparición total de los antagonismos de clase**

en dit kan nie heeltemal verdwyn nie, behalwe met die totale
verdwyning van klasse-antagonismes

**La revolución comunista es la ruptura más radical con las
relaciones tradicionales de propiedad**

Die kommunistiese rewolusie is die mees radikale breuk met
tradisionele eiendomsverhoudinge

**No es de extrañar que su desarrollo implique la ruptura más
radical con las ideas tradicionales**

Geen wonder dat die ontwikkeling daarvan die mees radikale
breuk met tradisionele idees behels nie

**Pero dejemos de lado las objeciones de la burguesía al
comunismo**

Maar laat ons klaar wees met die bourgeoisie se besware teen kommunisme

Hemos visto más arriba el primer paso de la revolución de la clase obrera

Ons het hierbo die eerste stap in die rewolusie deur die werkersklas gesien

Hay que elevar al proletariado a la posición de gobernante, para ganar la batalla de la democracia

Proletariaat moet tot die posisie van regerende verhef word om die stryd van demokrasie te wen

El proletariado utilizará su supremacía política para arrebatar, poco a poco, todo el capital a la burguesía

Die proletariaat sal sy politieke oppergesag gebruik om geleidelik alle kapitaal van die bourgeoisie af te ruk

centralizará todos los instrumentos de producción en manos del Estado

dit sal alle produksie-instrumente in die hande van die staat sentraliseer

En otras palabras, el proletariado organizado como clase dominante

Met ander woorde, die proletariaat het as die heersersklas georganiseer

y aumentará el total de las fuerzas productivas lo más rápidamente posible

en dit sal die totaal van produktiewe kragte so vinnig as moontlik verhoog

Por supuesto, al principio, esto no puede llevarse a cabo sino por medio de incursiones despóticas en los derechos de propiedad

Natuurlik kan dit in die begin nie bewerkstellig word nie, behalwe deur middel van despotiese inbreuk op die eiendomsreg

y tiene que lograrse en las condiciones de la producción burguesa

en dit moet bereik word op die voorwaardes van bourgeoisieproduksie

Por lo tanto, se logra mediante medidas que parecen económicamente insuficientes e insostenibles

Dit word dus bereik deur middel van maatreëls wat ekonomies onvoldoende en onhoudbaar lyk

pero estos medios, en el curso del movimiento, se superan a sí mismos

maar hierdie middele, in die loop van die beweging, oortref hulself

Requieren nuevas incursiones en el viejo orden social

dit noodsaak verdere inbreuk op die ou sosiale orde

y son ineludibles como medio de revolucionar por completo el modo de producción

en hulle is onvermydelik as 'n manier om die produksiewyse heeltemal te revolusioneer

Por supuesto, estas medidas serán diferentes en los distintos países

Hierdie maatreëls sal natuurlik in verskillende lande verskil

Sin embargo, en los países más avanzados, lo siguiente será de aplicación bastante general

Nietemin sal die volgende in die mees gevorderde lande redelik algemeen van toepassing wees

1. Abolición de la propiedad de la tierra y aplicación de todas las rentas de la tierra a fines públicos.

1. Afskaffing van eiendom in grond en toepassing van alle huurgeld van grond vir openbare doeleindes.

2. Un fuerte impuesto progresivo o gradual sobre la renta.

2. 'n Swaar progressiewe of gegradueerde inkomstebelasting.

3. Abolición de todo derecho de herencia.

3. Afskaffing van alle erfreg.

4. Confiscación de los bienes de todos los emigrantes y rebeldes.

4. Konfiskering van die eiendom van alle emigrante en rebelle.

5. Centralización del crédito en manos del Estado, por medio de un banco nacional de capital estatal y monopolio exclusivo.

5. Sentralisering van krediet in die hande van die staat, deur middel van 'n nasionale bank met staatskapitaal en 'n eksklusiewe monopolie.

6. Centralización de los medios de comunicación y transporte en manos del Estado.

6. Sentralisering van die kommunikasie- en vervoermiddele in die hande van die staat.

7. Ampliación de fábricas e instrumentos de producción propiedad del Estado

7. Uitbreiding van fabrieke en produksie-instrumente wat deur die staat besit word

la puesta en cultivo de tierras baldías y el mejoramiento del suelo en general de acuerdo con un plan común.

die bebouing van woestenye en die verbetering van die grond in die algemeen in ooreenstemming met 'n gemeenskaplike plan.

8. Igual responsabilidad de todos hacia el trabajo

8. Gelyke aanspreeklikheid van almal teenoor arbeid

Establecimiento de ejércitos industriales, especialmente para la agricultura.

Vestiging van industriële leërs, veral vir landbou.

9. Combinación de la agricultura con las industrias manufactureras

9. Kombinasie van landbou met vervaardigingsbedrywe

Abolición gradual de la distinción entre la ciudad y el campo, por una distribución más equitativa de la población en todo el país.

geleidelike afskaffing van die onderskeid tussen stad en land, deur 'n meer gelyke verspreiding van die bevolking oor die land.

10. Educación gratuita para todos los niños en las escuelas públicas.

10. Gratis onderwys vir alle kinders in openbare skole.

Abolición del trabajo infantil en las fábricas en su forma actual

Afskaffing van kinderfabrieksarbeid in sy huidige vorm

Combinación de la educación con la producción industrial
Kombinasie van onderwys met industriële produksie
Cuando, en el curso del desarrollo, las distinciones de clase han desaparecido
Wanneer klasseverskille in die loop van die ontwikkeling verdwyn het
y cuando toda la producción se ha concentrado en manos de una vasta asociación de toda la nación
en wanneer alle produksie in die hande van 'n groot vereniging van die hele nasie gekonsentreer is
entonces el poder público perderá su carácter político
dan sal die openbare mag sy politieke karakter verloor
El poder político, propiamente dicho, no es más que el poder organizado de una clase para oprimir a otra
Politieke mag, behoorlik so genoem, is bloot die georganiseerde mag van een klas om 'n ander te onderdruk
Si el proletariado, en su lucha contra la burguesía, se ve obligado, por la fuerza de las circunstancias, a organizarse como clase
As die proletariaat tydens sy stryd met die bourgeoisie deur die krag van omstandighede gedwing word om homself as 'n klas te organiseer
si, por medio de una revolución, se convierte en la clase dominante
as dit homself deur middel van 'n rewolusie die heerseursklas maak
y, como tal, barre por la fuerza las viejas condiciones de producción
en as sodanig vee dit die ou produksietoestande met geweld weg
entonces, junto con estas condiciones, habrá barrido las condiciones para la existencia de los antagonismos de clase y de las clases en general
dan sal dit, saam met hierdie toestande, die voorwaardes vir die bestaan van klasse-antagonismes en van klasse in die algemeen weggevee het

y con ello habrá abolido su propia supremacía como clase.
en daardeur sy eie oppergesag as 'n klas afgeskaf het.
En lugar de la vieja sociedad burguesa, con sus clases y sus antagonismos de clase, tendremos una asociación
In die plek van die ou bourgeoisie-samelewing, met sy klasse en klasse-antagonismes, sal ons 'n assosiasie hê
una asociación en la que el libre desarrollo de cada uno sea la condición para el libre desarrollo de todos
'n vereniging waarin die vrye ontwikkeling van elkeen die voorwaarde is vir die vrye ontwikkeling van almal

1) Socialismo reaccionario
1) Reaksionêre sosialisme

) Socialismo feudal
a) Feodale sosialisme

las aristocracias de Francia e Inglaterra tenían una posición histórica única

die aristokrasieë van Frankryk en Engeland het 'n unieke historiese posisie gehad

se convirtió en su vocación escribir panfletos contra la sociedad burguesa moderna

dit het hul roeping geword om pamflette teen die moderne bourgeoisie-samelewing te skryf

En la Revolución Francesa de julio de 1830 y en la agitación reformista inglesa

In die Franse rewolusie van Julie 1830, en in die Engelse hervormingsegitasie

Estas aristocracias sucumbieron de nuevo ante el odioso advenedizo

Hierdie aristokrasieë het weer voor die haatlike opkoms geswig

A partir de entonces, una contienda política seria quedó totalmente fuera de discusión

Van toe af was 'n ernstige politieke wedstryd heeltemal buite die kwessie

Todo lo que quedaba posible era una batalla literaria, no una batalla real

Al wat moontlik gebly het, was literêre stryd, nie 'n werklike stryd nie

Pero incluso en el dominio de la literatura, los viejos gritos del período de la restauración se habían vuelto imposibles

Maar selfs op die gebied van literatuur het die ou krete van die hersteltydperk onmoontlik geword

Para despertar simpatías, la aristocracia se vio obligada a perder de vista, aparentemente, sus propios intereses

Om simpatie te wek, was die aristokrasie verplig om blykbaar hul eie belange uit die oog te verloor

y se vieron obligados a formular su acusación contra la burguesía en interés de la clase obrera explotada

en hulle was verplig om hul aanklag teen die bourgeoisie te formuleer in belang van die uitgebuite werkersklas

Así, la aristocracia se vengó cantando sátiras a su nuevo amo

So het die aristokrasie wraak geneem deur beledigings op hul nuwe meester te sing

y se vengaron susurrándole al oído siniestras profecías de catástrofe venidera

en hulle het wraak geneem deur sinistere profesieë van komende rampspoed in sy ore te fluister

De esta manera surgió el socialismo feudal: mitad lamentación, mitad sátira

Op hierdie manier het Feodale sosialisme ontstaan: half klaaglied, half bespotting

Sonaba como medio eco del pasado y proyectaba mitad amenaza del futuro

dit het weerklink as 'n halwe eggo van die verlede en 'n halwe bedreiging van die toekoms geprojekteer

a veces, con su crítica amarga, ingeniosa e incisiva, golpeó a la burguesía hasta la médula

soms, deur sy bitter, geestige en skerp kritiek, het dit die bourgeoisie tot in die hart se kern getref

pero siempre fue ridículo en su efecto, por su total incapacidad para comprender la marcha de la historia moderna

maar dit was altyd belaglik in sy effek, deur totale onvermoë om die opmars van die moderne geskiedenis te begryp

La aristocracia, con el fin de atraer al pueblo hacia ellos, agitaba la bolsa de limosnas proletaria delante como una bandera

Om die volk by hulle te versamel, het die aristokrasie die proletariese aalmoessak voor 'n banier geswaai

Pero el pueblo, tan a menudo como se unía a ellos, veía en sus cuartos traseros los antiguos escudos de armas feudales

Maar die mense, so dikwels as wat dit by hulle aangesluit het, het op hul agterkwart die ou feodale wapens gesien

y desertaron con carcajadas ruidosas e irreverentes

en hulle het met harde en oneerbiedige gelag verlaat

Un sector de los legitimistas franceses y de la "Joven Inglaterra" exhibió este espectáculo

Een deel van die Franse Legitimiste en "Jong Engeland" het hierdie skouspel vertoon

los feudales señalaban que su modo de explotación era diferente al de la burguesía

die feodaliste het daarop gewys dat hul manier van uitbuiting anders was as dié van die bourgeoisie

Los feudales olvidan que explotaron en circunstancias y condiciones muy diferentes

Die feodaliste vergeet dat hulle uitgebuit het onder omstandighede en omstandighede wat heeltemal anders was

Y no se dieron cuenta de que tales métodos de explotación ahora son anticuados

en hulle het nie opgemerk dat sulke metodes van uitbuiting nou verouderd is nie

demostraron que, bajo su gobierno, el proletariado moderno nunca existió

Hulle het getoon dat die moderne proletariaat onder hul heerskappy nooit bestaan het nie

pero olvidan que la burguesía moderna es el vástago necesario de su propia forma de sociedad

maar hulle vergeet dat die moderne bourgeoisie die noodsaaklike nageslag van hul eie samelewingsvorm is

Por lo demás, apenas ocultan el carácter reaccionario de su crítica

Vir die res verberg hulle skaars die reaksionêre karakter van hul kritiek

su principal acusación contra la burguesía es la siguiente

hul hoofbeskuldiging teen die bourgeoisie kom neer op die volgende

bajo el régimen de la burguesía se está desarrollando una clase social

onder die bourgeoisie-regime word 'n sosiale klas ontwikkel

Esta clase social está destinada a cortar de raíz el viejo orden de la sociedad

Hierdie sosiale klas is bestem om die ou orde van die samelewing wortel te sny en te vertak

Lo que reprochan a la burguesía no es tanto que cree un proletariado

Waarmee hulle die bourgeoisie verwyt, is nie soseer dat dit 'n proletariaat skep nie

lo que reprochan a la burguesía es más bien que crea un proletariado revolucionario

waarmee hulle die bourgeoisie verwyt, is meer dat dit 'n revolusionêre proletariaat skep

En la práctica política, por lo tanto, se unen a todas las medidas coercitivas contra la clase obrera

In die politieke praktyk neem hulle dus deel aan alle dwangmaatreëls teen die werkersklas

Y en la vida ordinaria, a pesar de sus frases altisonantes, se inclinan a recoger las manzanas de oro que caen del árbol de la industria

en in die gewone lewe, ten spyte van hul hoogstaande frases, buk hulle om die goue appels op te tel wat van die boom van die nywerheid geval het

y trocan la verdad, el amor y el honor por el comercio de lana, azúcar de remolacha y aguardiente de patata

en hulle verruil waarheid, liefde en eer vir handel in wol, beetsuiker en aartappelgeeste

Así como el párroco ha ido siempre de la mano con el terrateniente, así también lo ha hecho el socialismo clerical con el socialismo feudal

Soos die dominee nog altyd hand aan hand gegaan het met die grondeienaar, so het geestelike sosialisme met feodale sosialisme gegaan

Nada es más fácil que dar al ascetismo cristiano un tinte socialista

Niks is makliker as om Christelike asketisme 'n sosialistiese tint te gee nie

¿No ha declamado el cristianismo contra la propiedad privada, contra el matrimonio, contra el Estado?

Het die Christendom nie teen privaat eiendom, teen die huwelik, teen die staat verklaar nie?

¿No ha predicado el cristianismo en lugar de estos, la caridad y la pobreza?

Het die Christendom nie in die plek hiervan gepreek nie, liefdadigheid en armoede?

¿Acaso el cristianismo no predica el celibato y la mortificación de la carne, la vida monástica y la Madre Iglesia?

Verkondig die Christendom nie selibaat en versterwing van die vlees, kloosterlewe en Moederkerk nie?

El socialismo cristiano no es más que el agua bendita con la que el sacerdote consagra los ardores del corazón del aristócrata

Christelike sosialisme is maar net die heilige water waarmee die priester die hartbrande van die aristokraat inwy

b) Socialismo pequeñoburgués

b) Kleinburgerlike sosialisme

La aristocracia feudal no fue la única clase arruinada por la burguesía

Die feodale aristokrasie was nie die enigste klas wat deur die bourgeoisie geruïneer is nie

no fue la única clase cuyas condiciones de existencia languidecieron y perecieron en la atmósfera de la sociedad burguesa moderna

dit was nie die enigste klas wie se bestaansomstandighede in die atmosfeer van die moderne bourgeoisie-samelewing vergaan het nie

Los burgueses medievales y los pequeños propietarios campesinos fueron los precursores de la burguesía moderna

Die Middeleeuse burgers en die klein boere-eienaars was die voorlopers van die moderne bourgeoisie

En los países poco desarrollados, industrial y comercialmente, estas dos clases siguen vegetando una al lado de la otra

In lande wat industrieel en kommersieel maar min ontwikkel is, vegeteer hierdie twee klasse steeds langs mekaar

y mientras tanto la burguesía se levanta junto a ellos: industrial, comercial y políticamente

en intussen staan die bourgeoisie langs hulle op: industrieel, kommersieel en polities

En los países donde la civilización moderna se ha desarrollado plenamente, se ha formado una nueva clase de pequeña burguesía

In lande waar die moderne beskawing ten volle ontwikkel is, is 'n nuwe klas kleinburgery gevorm

esta nueva clase social fluctúa entre el proletariado y la burguesía

hierdie nuwe sosiale klas wissel tussen proletariaat en bourgeoisie

y siempre se renueva como parte complementaria de la sociedad burguesa

en dit vernuwe homself altyd as 'n aanvullende deel van die
bourgeoisie-samelewing

**Sin embargo, los miembros individuales de esta clase son
constantemente arrojados al proletariado**

Die individuele lede van hierdie klas word egter voortdurend
in die proletariaat neergeslinger

**son absorbidos por el proletariado a través de la acción de la
competencia**

hulle word deur die proletariaat deur die aksie van
mededinging opgesuig

**A medida que la industria moderna se desarrolla, incluso
ven acercarse el momento en que desaparecerán por
completo como sección independiente de la sociedad
moderna**

Namate die moderne nywerheid ontwikkel, sien hulle selfs die
oomblik nader kom wanneer hulle heeltemal sal verdwyn as
'n onafhanklike deel van die moderne samelewing

**Serán reemplazados, en las manufacturas, la agricultura y el
comercio, por vigilantes, alguaciles y tenderos**

hulle sal in vervaardigings, landbou en handel vervang word
deur opsieners, balju en winkeliers

**En países como Francia, donde los campesinos constituyen
mucho más de la mitad de la población**

In lande soos Frankryk, waar die boere veel meer as die helfte
van die bevolking uitmaak

**era natural que hubiera escritores que se pusieran del lado
del proletariado contra la burguesía**

dit was natuurlik dat daar skrywers is wat hulle aan die kant
van die proletariaat teen die bourgeoisie geskaar het

**en su crítica al régimen burgués utilizaron el estandarte de la
pequeña burguesía campesina**

in hul kritiek op die bourgeoisie-regime het hulle die
standaard van die boere- en kleinbourgeoisie gebruik

**Y desde el punto de vista de estas clases intermedias, toman
el garrote de la clase obrera**

en vanuit die oogpunt van hierdie intermediêre klasse neem
hulle die knuppels vir die werkersklas op

**Así surgió el socialismo pequeñoburgués, del que Sismondi
era el jefe de esta escuela, no sólo en Francia, sino también
en Inglaterra**

So het die kleinburgerlike sosialisme, waarvan Sismondi die
hoof van hierdie skool was, nie net in Frankryk nie, maar ook
in Engeland ontstaan

**Esta escuela del socialismo diseccionó con gran agudeza las
contradicciones de las condiciones de producción moderna**

Hierdie skool van sosialisme het die teenstrydighede in die
toestande van moderne produksie met groot skerpte ontleed

**Esta escuela puso al descubierto las apologías hipócritas de
los economistas**

Hierdie skool het die skynheilige verskonings van ekonome
blootgelê

**Esta escuela demostró, incontrovertiblemente, los efectos
desastrosos de la maquinaria y de la división del trabajo**

Hierdie skool het onbetwisbaar die rampspoedige gevolge van
masjinerie en arbeidsverdeling bewys

**Probó la concentración del capital y de la tierra en pocas
manos**

Dit het die konsentrasie van kapitaal en grond in 'n paar
hande bewys

**demostró cómo la sobreproducción conduce a las crisis de la
burguesía**

dit het bewys hoe oorproduksie tot bourgeoisiekrisisse lei

**señalaba la ruina inevitable de la pequeña burguesía y del
campesino**

dit het gewys op die onvermydelike ondergang van die
kleinbourgeoisie en

**la miseria del proletariado, la anarquía en la producción, las
desigualdades flagrantes en la distribución de la riqueza**

die ellende van die proletariaat, die anargie in produksie, die
skreeuende ongelykhede in die verspreiding van rykdom

**Mostró cómo el sistema de producción lidera la guerra
industrial de exterminio entre naciones**
Dit het gewys hoe die produksiestelsel die industriële oorlog
van uitwissing tussen nasies lei
**la disolución de los viejos lazos morales, de las viejas
relaciones familiares, de las viejas nacionalidades**
die ontbinding van ou morele bande, van die ou
familieverhoudinge, van die ou nasionaliteite
**Sin embargo, en sus objetivos positivos, esta forma de
socialismo aspira a lograr una de dos cosas**
In sy positiewe doelwitte streef hierdie vorm van sosialisme
egter daarna om een van twee dinge te bereik
**o bien pretende restaurar los antiguos medios de producción
y de intercambio**
óf dit het ten doel om die ou produksie- en ruilmiddele te
herstel
**y con los viejos medios de producción restauraría las viejas
relaciones de propiedad y la vieja sociedad**
en met die ou produksiemiddele sou dit die ou
eiendomsverhoudinge en die ou samelewing herstel
**o pretende apretar los medios modernos de producción e
intercambio en el viejo marco de las relaciones de propiedad**
of dit het ten doel om die moderne produksie- en ruilmiddele
in die ou raamwerk van die eiendomsverhoudinge te betrek
En cualquier caso, es a la vez reaccionario y utópico
In beide gevalle is dit beide reaksionêr en utopies
**Sus últimas palabras son: gremios corporativos para la
manufactura, relaciones patriarcales en la agricultura**
Sy laaste woorde is: korporatiewe gildes vir vervaardiging,
patriargale verhoudings in die landbou
**En última instancia, cuando los obstinados hechos históricos
habían dispersado todos los efectos embriagadores del
autoengaño**
Uiteindelik, toe hardnekkige historiese feite alle bedwelmende
gevolge van selfbedrog versprei het

esta forma de socialismo terminó en un miserable ataque de lástima

hierdie vorm van sosialisme het geëindig in 'n ellendige vlaag van jammerte

c) Socialismo alemán o "verdadero"

c) Duitse, of "ware", sosialisme

La literatura socialista y comunista de Francia se originó bajo la presión de una burguesía en el poder

Die sosialistiese en kommunistiese literatuur van Frankryk het ontstaan onder die druk van 'n bourgeoisie aan bewind

Y esta literatura era la expresión de la lucha contra este poder

en hierdie literatuur was die uitdrukking van die stryd teen hierdie mag

se introdujo en Alemania en un momento en que la burguesía acababa de comenzar su lucha contra el absolutismo feudal

dit is in Duitsland ingebring in 'n tyd toe die bourgeoisie pas sy stryd met feodale absolutisme begin het

Los filósofos alemanes, los aspirantes a filósofos y los beaux esprits, se apoderaron con avidez de esta literatura

Duitse filosowe, voornemende filosowe en beaux esprits, het hierdie literatuur gretig aangegryp

pero olvidaron que los escritos emigraron de Francia a Alemania sin traer consigo las condiciones sociales francesas

maar hulle het vergeet dat die geskrifte van Frankryk na Duitsland geïmmigreer het sonder om die Franse sosiale toestande saam te bring

En contacto con las condiciones sociales alemanas, esta literatura francesa perdió toda su significación práctica inmediata

In kontak met Duitse sosiale toestande het hierdie Franse literatuur al sy onmiddellike praktiese betekenis verloor

y la literatura comunista de Francia asumió un aspecto puramente literario en los círculos académicos alemanes

en die kommunistiese literatuur van Frankryk het 'n suiwer literêre aspek in Duitse akademiese kringe aangeneem

Así, las exigencias de la primera Revolución Francesa no eran más que las exigencias de la "Razón Práctica"

Die eise van die eerste Franse rewolusie was dus niks anders
as die eise van "Praktiese Rede" nie
**y la expresión de la voluntad de la burguesía revolucionaria
francesa significaba a sus ojos la ley de la voluntad pura**
en die uiting van die wil van die revolusionêre Franse
bourgeoisie het in hulle oë die wet van suiwer wil aangedui
**significaba la Voluntad tal como estaba destinada a ser; de la
verdadera Voluntad humana en general**
dit het Wil aangedui soos dit verplig was om te wees; van
ware menslike wil oor die algemeen
**El mundo de los literatos alemanes consistía únicamente en
armonizar las nuevas ideas francesas con su antigua
conciencia filosófica**
Die wêreld van die Duitse literatuur het uitsluitlik daarin
bestaan om die nuwe Franse idees in harmonie te bring met
hul antieke filosofiese gewete
**o mejor dicho, se anexionaron las ideas francesas sin
abandonar su propio punto de vista filosófico**
of eerder, hulle het die Franse idees geannekseer sonder om
hul eie filosofiese standpunt te laat vaar
**Esta anexión se llevó a cabo de la misma manera en que se
apropia una lengua extranjera, es decir, por traducción**
Hierdie anneksasie het plaasgevind op dieselfde manier as
wat 'n vreemde taal toegeëien word, naamlik deur vertaling
**Es bien sabido cómo los monjes escribieron vidas tontas de
santos católicos sobre manuscritos**
Dit is welbekend hoe die monnike simpel lewens van
Katolieke Heiliges oor manuskripte geskryf het
**los manuscritos sobre los que se habían escrito las obras
clásicas del antiguo paganismo**
Die manuskripte waarop die klassieke werke van antieke
Heathendom geskryf is
**Los literatos alemanes invirtieron este proceso con la
literatura profana francesa**
Die Duitse literatuur het hierdie proses omgekeer met die
profane Franse literatuur

Escribieron sus tonterías filosóficas bajo el original francés

Hulle het hul filosofiese nonsens onder die Franse oorspronklike geskryf

Por ejemplo, debajo de la crítica francesa a las funciones económicas del dinero, escribieron "Alienación de la humanidad"

Onder die Franse kritiek op die ekonomiese funksies van geld het hulle byvoorbeeld "Vervreemding van die mensdom" geskryf

debajo de la crítica francesa al Estado burgués escribieron "destronamiento de la categoría de general"

onder die Franse kritiek op die bourgeoisiestaat het hulle geskryf "onttrooning van die kategorie van die generaal"

La introducción de estas frases filosóficas en el reverso de las críticas históricas francesas las denominó:

Die bekendstelling van hierdie filosofiese frases agter in die Franse historiese kritiek wat hulle genoem het:

"Filosofía de la acción", "Socialismo verdadero", "Ciencia alemana del socialismo", "Fundamentos filosóficos del socialismo", etc

"Filosofie van aksie", "Ware sosialisme", "Duitse wetenskap van sosialisme", "Filosofiese grondslag van sosialisme," ensovoorts

De este modo, la literatura socialista y comunista francesa quedó completamente castrada

Die Franse sosialistiese en kommunistiese literatuur is dus heeltemal ontman

en manos de los filósofos alemanes dejó de expresar la lucha de una clase con la otra

in die hande van die Duitse filosowe het dit opgehou om die stryd van die een klas met die ander uit te druk

y así los filósofos alemanes se sintieron conscientes de haber superado la "unilateralidad francesa"

en so het die Duitse filosowe bewus gevoel dat hulle "Franse eensydigheid" oorkom het

no tenía que representar requisitos verdaderos, sino que representaba requisitos de verdad

dit hoef nie ware vereistes voor te stel nie, maar eerder vereistes van waarheid

no había interés en el proletariado, más bien, había interés en la Naturaleza Humana

daar was geen belangstelling in die proletariaat nie, maar eerder belangstelling in die menslike natuur

el interés estaba en el Hombre en general, que no pertenece a ninguna clase y no tiene realidad

die belangstelling was in die mens in die algemeen, wat aan geen klas behoort nie, en geen werklikheid het nie

Un hombre que sólo existe en el brumoso reino de la fantasía filosófica

'n Man wat slegs in die mistige ryk van filosofiese fantasie bestaan

pero con el tiempo este colegial socialismo alemán también perdió su inocencia pedante

maar uiteindelik het hierdie skoolseun Duitse sosialisme ook sy pedantiese onskuld verloor

la burguesía alemana, y especialmente la burguesía prusiana, lucharon contra la aristocracia feudal

die Duitse bourgeoisie, en veral die Pruisiese bourgeoisie, het teen feodale aristokrasie geveg

la monarquía absoluta de Alemania y Prusia también estaba siendo combatida

die absolute monargie van Duitsland en Pruise is ook gebuk teen

Y a su vez, la literatura del movimiento liberal también se hizo más seria

en op sy beurt het die literatuur van die liberale beweging ook ernstiger geword

Se le ofreció a Alemania la tan deseada oportunidad del "verdadero" socialismo

Duitsland se lang verlangde geleentheid vir "ware" sosialisme is aangebied

la oportunidad de confrontar al movimiento político con las reivindicaciones socialistas
die geleentheid om die politieke beweging met die sosialistiese eise te konfronteer
la oportunidad de lanzar los anatemas tradicionales contra el liberalismo
die geleentheid om die tradisionele anathemas teen liberalisme te gooi
la oportunidad de atacar al gobierno representativo y a la competencia burguesa
die geleentheid om verteenwoordigende regering en bourgeoisie-mededinging aan te val
Libertad de prensa burguesa, Legislación burguesa, Libertad e igualdad burguesa
Bourgeoisie persvryheid, Bourgeoisie wetgewing, Bourgeoisie vryheid en gelykheid
Todo esto ahora podría ser criticado en el mundo real, en lugar de en la fantasía
Al hierdie kan nou in die regte wêreld gekritiseer word, eerder as in fantasie
La aristocracia feudal y la monarquía absoluta habían predicado durante mucho tiempo a las masas
Feodale aristokrasie en absolute monargie het lankal aan die massas gepreek
"El obrero no tiene nada que perder y tiene todo que ganar"
"Die werkende man het niks om te verloor nie, en hy het alles om te wen"
el movimiento burgués también ofrecía la oportunidad de hacer frente a estos tópicos
die Bourgeoisie-beweging het ook 'n kans gebied om hierdie platitudes te konfronteer
la crítica francesa presuponía la existencia de la sociedad burguesa moderna
die Franse kritiek het die bestaan van die moderne bourgeoisie-samelewing veronderstel

Las condiciones económicas de existencia de la burguesía y la constitución política de la burguesía

Bourgeoisie ekonomiese bestaansvoorwaardes en Bourgeoisie politieke grondwet

las mismas cosas cuya consecución era el objeto de la lucha pendiente en Alemania

die einste dinge waarvan die bereiking die voorwerp van die hangende stryd in Duitsland was

El estúpido eco del socialismo alemán abandonó estos objetivos justo a tiempo

Duitsland se simpel eggo van sosialisme het hierdie doelwitte net op die nippertjie laat vaar

Los gobiernos absolutos tenían sus seguidores de párrocos, profesores, escuderos y funcionarios

Die absolute regerings het hul aanhang van predikante, professore, plattelandse wapendraers en amptenare gehad

el gobierno de la época se enfrentó a los levantamientos de la clase obrera alemana con azotes y balas

die destydse regering het die Duitse werkersklas-opstande met geseling en koeëls tegemoet gekom

para ellos este socialismo servía de espantapájaros contra la burguesía amenazadora

vir hulle het hierdie sosialisme gedien as 'n welkome voëlverskrikker teen die dreigende bourgeoisie

y el gobierno alemán pudo ofrecer un postre dulce después de las píldoras amargas que repartió

en die Duitse regering kon 'n soet nagereg aanbied na die bitter pille wat hy uitgedeel het

este "verdadero" socialismo servía así a los gobiernos como arma para combatir a la burguesía alemana

hierdie "ware" sosialisme het dus die regerings gedien as 'n wapen om die Duitse bourgeoisie te beveg

y, al mismo tiempo, representaba directamente un interés reaccionario; la de los filisteos alemanes

en terselfdertyd verteenwoordig dit direk 'n reaksionêre belang; dié van die Duitse Filistyne

En Alemania, la pequeña burguesía es la verdadera base social del actual estado de cosas

In Duitsland is die kleinburgerlike klas die werklike sosiale basis van die bestaande stand van sake

Una reliquia del siglo XVI que ha ido surgiendo constantemente bajo diversas formas

'n oorblyfsel van die sestiende eeu wat voortdurend onder verskillende vorme opgeduik het

Preservar esta clase es preservar el estado de cosas existente en Alemania

Om hierdie klas te bewaar, is om die bestaande stand van sake in Duitsland te bewaar

La supremacía industrial y política de la burguesía amenaza a la pequeña burguesía con una destrucción segura

Die industriële en politieke oppergesag van die bourgeoisie bedreig die kleinburgery met sekere vernietiging

por un lado, amenaza con destruir a la pequeña burguesía a través de la concentración del capital

aan die een kant dreig dit om die kleinburgery te vernietig deur die konsentrasie van kapitaal

por otra parte, la burguesía amenaza con destruirla mediante el ascenso de un proletariado revolucionario

aan die ander kant dreig die bourgeoisie om dit te vernietig deur die opkoms van 'n revolusionêre proletariaat

El "verdadero" socialismo parecía matar estos dos pájaros de un tiro. Se extendió como una epidemia

Dit lyk asof die "ware" sosialisme hierdie twee voëls in een klap doodmaak. Dit het soos 'n epidemie versprei

El manto de telarañas especulativas, bordado con flores de retórica, empapado en el rocío de un sentimiento enfermizo

Die kleed van spekulatiewe spinnerakke, geborduurd met blomme van retoriek, deurdrenk van die dou van sieklike sentiment

esta túnica trascendental en la que los socialistas alemanes envolvían sus tristes "verdades eternas"

hierdie transendentale kleed waarin die Duitse sosialiste hul jammerlike "ewige waarhede" toegedraai het

toda la piel y los huesos, sirvieron para aumentar maravillosamente la venta de sus productos entre un público tan

alle vel en been, het gedien om die verkoop van hul goedere onder so 'n publiek wonderlik te verhoog

Y por su parte, el socialismo alemán reconocía, cada vez más, su propia vocación

En op sy beurt het die Duitse sosialisme meer en meer sy eie roeping erken

estaba llamado a ser el grandilocuente representante de la pequeña burguesía filistea

dit is geroep om die bombastiese verteenwoordiger van die kleinburgerlike Filistyn te wees

Proclamaba que la nación alemana era la nación modelo, y que el pequeño filisteo alemán era el hombre modelo

Dit het die Duitse nasie as die modelnasie verklaar, en die Duitse klein Filistyn die modelman

A cada maldad malvada de este hombre modelo le daba una interpretación socialista oculta y superior

Aan elke skurkagtige gemeenheid van hierdie modelman het dit 'n verborge, hoër, sosialistiese interpretasie gegee

esta interpretación socialista superior era exactamente lo contrario de su carácter real

hierdie hoër, sosialistiese interpretasie was presies die teenoorgestelde van sy werklike karakter

Llegó al extremo de oponerse directamente a la tendencia "brutalmente destructiva" del comunismo

Dit het tot die uiterste gegaan om die "wreed vernietigende" neiging van kommunisme direk teen te staan

y proclamó su supremo e imparcial desprecio de todas las luchas de clases

en dit het sy hoogste en onpartydige minagting van alle klassestryd verkondig

Con muy pocas excepciones, todas las publicaciones llamadas socialistas y comunistas que ahora (1847) circulan en Alemania pertenecen al dominio de esta literatura sucia y enervante

Met baie min uitsonderings behoort al die sogenaamde sosialistiese en kommunistiese publikasies wat nou (1847) in Duitsland sirkuleer, tot die domein van hierdie vuil en enerverende literatuur

2) Socialismo conservador o socialismo burgués
2) Konserwatiewe sosialisme, of bourgeoisie sosialisme .

Una parte de la burguesía está deseosa de reparar los agravios sociales
'n Deel van die bourgeoisie wil graag sosiale griewe regstel
con el fin de asegurar la continuidad de la sociedad burguesa
om die voortbestaan van die bourgeoisie-samelewing te verseker
A esta sección pertenecen economistas, filántropos, humanistas
Tot hierdie afdeling behoort ekonome, filantrope, humanitêre
mejoradores de la condición de la clase obrera y organizadores de la caridad
verbeteraars van die toestand van die werkersklas en organiseerders van liefdadigheid
Miembros de las Sociedades para la Prevención de la Crueldad contra los Animales
lede van verenigings vir die voorkoming van wreedheid teenoor diere
fanáticos de la templanza, reformadores de todo tipo imaginable
matigheidsfanatici, gat-en-hoek-hervormers van elke denkbare soort
Esta forma de socialismo, además, ha sido elaborada en sistemas completos
Hierdie vorm van sosialisme is boonop in volledige stelsels uitgewerk
Podemos citar la "Philosophie de la Misère" de Proudhon como ejemplo de esta forma
Ons kan Proudhon se "Philosophie de la Misère" as 'n voorbeeld van hierdie vorm noem
La burguesía socialista quiere todas las ventajas de las condiciones sociales modernas

Die sosialistiese bourgeoisie wil al die voordele van moderne sosiale toestande hê

pero la burguesía socialista no quiere necesariamente las luchas y los peligros resultantes

maar die sosialistiese bourgeoisie wil nie noodwendig die gevolglike stryd en gevare hê nie

Desean el estado actual de la sociedad, menos sus elementos revolucionarios y desintegradores

Hulle begeer die bestaande toestand van die samelewing, minus sy revolusionêre en verbrokkelende elemente

en otras palabras, desean una burguesía sin proletariado

met ander woorde, hulle wens 'n bourgeoisie sonder 'n proletariaat

La burguesía concibe naturalmente el mundo en el que es supremo ser el mejor

Die bourgeoisie bedink natuurlik die wêreld waarin dit oppermagtig is om die beste te wees

y el socialismo burgués desarrolla esta cómoda concepción en varios sistemas más o menos completos

en Bourgeoisie Sosialisme ontwikkel hierdie gemaklike opvatting in verskeie min of meer volledige stelsels

les gustaría mucho que el proletariado marchara directamente hacia la Nueva Jerusalén social

hulle wil baie graag hê dat die proletariaat dadelik na die sosiale Nuwe Jerusalem marsjeer

pero en realidad requiere que el proletariado permanezca dentro de los límites de la sociedad existente

maar in werklikheid vereis dit dat die proletariaat binne die grense van die bestaande samelewing bly

piden al proletariado que abandone todas sus ideas odiosas sobre la burguesía

hulle vra die proletariaat om al hul haatlike idees oor die bourgeoisie weg te gooi

hay una segunda forma más práctica, pero menos sistemática, de este socialismo

daar is 'n tweede meer praktiese, maar minder sistematiese,
vorm van hierdie sosialisme

**Esta forma de socialismo buscaba despreciar todo
movimiento revolucionario a los ojos de la clase obrera**

Hierdie vorm van sosialisme het gepoog om elke
revolusionêre beweging in die oë van die werkersklas te
depresieer

**Argumentan que ninguna mera reforma política podría ser
ventajosa para ellos**

Hulle voer aan dat geen blote politieke hervorming vir hulle
tot voordeel kan wees nie

**Sólo un cambio en las condiciones materiales de existencia
en las relaciones económicas es beneficioso**

slegs 'n verandering in die materiële bestaansvoorwaardes in
ekonomiese verhoudinge is voordelig

**Al igual que el comunismo, esta forma de socialismo aboga
por un cambio en las condiciones materiales de existencia**

Soos kommunisme, bepleit hierdie vorm van sosialisme 'n
verandering in die materiële bestaansvoorwaardes

**sin embargo, esta forma de socialismo no sugiere en modo
alguno la abolición de las relaciones de producción
burguesas**

hierdie vorm van sosialisme dui egter geensins op die
afskaffing van die bourgeoisie se produksieverhoudings nie

**la abolición de las relaciones de producción burguesas sólo
puede lograrse mediante una revolución**

die afskaffing van die bourgeoisie se produksieverhoudings
kan slegs deur 'n rewolusie bereik word

**Pero en lugar de una revolución, esta forma de socialismo
sugiere reformas administrativas**

Maar in plaas van 'n rewolusie, stel hierdie vorm van
sosialisme administratiewe hervormings voor

**y estas reformas administrativas se basarían en la
continuidad de estas relaciones**

en hierdie administratiewe hervormings sou gebaseer wees op
die voortbestaan van hierdie betrekkinge

reformas, por lo tanto, que no afectan en ningún aspecto a las relaciones entre el capital y el trabajo

hervormings wat dus in geen opsig die verhoudings tussen kapitaal en arbeid beïnvloed nie

en el mejor de los casos, tales reformas disminuyen el costo y simplifican el trabajo administrativo del gobierno burgués

op sy beste verminder sulke hervormings die koste en vereenvoudig die administratiewe werk van die bourgeoisie-regering

El socialismo burgués alcanza una expresión adecuada cuando, y sólo cuando, se convierte en una mera figura retórica

Burgerlike sosialisme bereik voldoende uitdrukking, wanneer, en slegs wanneer, dit 'n blote beeldspraak word

Libre comercio: en beneficio de la clase obrera

Vryhandel: tot voordeel van die werkersklas

Deberes protectores: en beneficio de la clase obrera

Beskermende pligte: tot voordeel van die werkersklas

Reforma Penitenciaria: en beneficio de la clase trabajadora

Gevangenishervorming: tot voordeel van die werkersklas

Esta es la última palabra y la única palabra seria del socialismo burgués

Dit is die laaste woord en die enigste ernstig bedoelde woord van Bourgeoisie Sosialisme

Se resume en la frase: la burguesía es una burguesía en beneficio de la clase obrera

Dit word opgesom in die frase: die bourgeoisie is 'n bourgeoisie tot voordeel van die werkersklas

3) Socialismo crítico-utópico y comunismo
3) Kritiese-utopiese sosialisme en kommunisme

No nos referimos aquí a esa literatura que siempre ha dado voz a las reivindicaciones del proletariado
Ons verwys hier nie na die literatuur wat nog altyd die eise van die proletariaat uitgespreek het nie
esto ha estado presente en todas las grandes revoluciones modernas, como los escritos de Babeuf y otros
dit was teenwoordig in elke groot moderne rewolusie, soos die geskrifte van Babeuf en ander
Las primeras tentativas directas del proletariado para alcanzar sus propios fines fracasaron necesariamente
Die eerste direkte pogings van die proletariaat om sy eie doelwitte te bereik, het noodwendig misluk
Estos intentos se hicieron en tiempos de excitación universal, cuando la sociedad feudal estaba siendo derrocada
Hierdie pogings is aangewend in tye van universele opwinding, toe die feodale samelewing omvergewerp is
El entonces subdesarrollado del proletariado llevó a que fracasaran esos intentos
Die destydse onontwikkelde toestand van die proletariaat het daartoe gelei dat daardie pogings misluk het
y fracasaron por la ausencia de las condiciones económicas para su emancipación
en hulle het misluk weens die afwesigheid van die ekonomiese voorwaardes vir sy emansipasie
condiciones que aún no se habían producido, y que sólo podían ser producidas por la inminente época de la burguesía
toestande wat nog geproduseer moes word, en deur die naderende bourgeoisie-tydperk alleen geproduseer kon word
La literatura revolucionaria que acompañó a estos primeros movimientos del proletariado tuvo necesariamente un carácter reaccionario

Die revolusionêre literatuur wat hierdie eerste bewegings van die proletariaat vergesel het, het noodwendig 'n reaksionêre karakter gehad

Esta literatura inculcó el ascetismo universal y la nivelación social en su forma más cruda

Hierdie literatuur het universele asketisme en sosiale nivellering in sy grofste vorm ingeskerp

Los sistemas socialista y comunista, propiamente dichos, surgen en el período temprano no desarrollado

Die sosialistiese en kommunistiese stelsels, behoorlik sogenaamd, ontstaan in die vroeë onontwikkelde tydperk

Saint-Simon, Fourier, Owen y otros, describieron la lucha entre el proletariado y la burguesía (ver sección 1)

Saint-Simon, Fourier, Owen en ander, het die stryd tussen proletariaat en bourgeoisie beskryf (sien Afdeling 1)

Los fundadores de estos sistemas ven, en efecto, los antagonismos de clase

Die stigters van hierdie stelsels sien inderdaad die klasse-antagonismes

también ven la acción de los elementos en descomposición, en la forma predominante de la sociedad

hulle sien ook die optrede van die ontbindende elemente, in die heersende vorm van die samelewing

Pero el proletariado, todavía en su infancia, les ofrece el espectáculo de una clase sin ninguna iniciativa histórica

Maar die proletariaat, wat nog in sy kinderskoene is, bied hulle die skouspel van 'n klas sonder enige historiese inisiatief

Ven el espectáculo de una clase social sin ningún movimiento político independiente

hulle sien die skouspel van 'n sosiale klas sonder enige onafhanklike politieke beweging

El desarrollo del antagonismo de clase sigue el mismo ritmo que el desarrollo de la industria

Die ontwikkeling van klasse-antagonisme hou tred met die ontwikkeling van die nywerheid

De modo que la situación económica no les ofrece todavía las condiciones materiales para la emancipación del proletariado

Die ekonomiese situasie bied hulle dus nog nie die materiële voorwaardes vir die emansipasie van die proletariaat nie

Por lo tanto, buscan una nueva ciencia social, nuevas leyes sociales, que creen estas condiciones

Hulle soek dus na 'n nuwe sosiale wetenskap, na nuwe sosiale wette, wat hierdie toestande moet skep

acción histórica es ceder a su acción inventiva personal

historiese optrede is om toe te gee aan hul persoonlike vindingryke optrede

Las condiciones de emancipación creadas históricamente han de ceder ante condiciones fantásticas

histories geskepte toestande van emansipasie sal toegee aan fantastiese toestande

y la organización gradual y espontánea de clase del proletariado debe ceder ante la organización de la sociedad

en die geleidelike, spontane klasse-organisasie van die proletariaat moet toegee aan die organisasie van die samelewing

la organización de la sociedad especialmente ideada por estos inventores

die organisasie van die samelewing wat spesiaal deur hierdie uitvinders bedink is

La historia futura se resuelve, a sus ojos, en la propaganda y en la realización práctica de sus planes sociales

Toekomstige geskiedenis los homself in hul oë op in die propaganda en die praktiese uitvoering van hul sosiale planne

En la formación de sus planes son conscientes de preocuparse principalmente por los intereses de la clase obrera

In die vorming van hul planne is hulle bewus daarvan dat hulle hoofsaaklik na die belange van die werkersklas omgee

Sólo desde el punto de vista de ser la clase más sufriente existe el proletariado para ellos

Slegs vanuit die oogpunt dat hulle die lydendste klas is,
bestaan die proletariaat vir hulle

**El estado subdesarrollado de la lucha de clases y su propio
entorno informan sus opiniones**

Die onontwikkelde stand van die klassestryd en hul eie
omgewing lig hul opinies in

**Los socialistas de este tipo se consideran muy superiores a
todos los antagonismos de clase**

Sosialiste van hierdie aard beskou hulself as baie beter as alle
klasse-antagonismes

**Quieren mejorar la condición de todos los miembros de la
sociedad, incluso la de los más favorecidos**

Hulle wil die toestand van elke lid van die samelewing
verbeter, selfs dié van die mees begunstigdes

**De ahí que habitualmente atraigan a la sociedad en general,
sin distinción de clase**

Daarom doen hulle gewoonlik 'n beroep op die samelewing in
die algemeen, sonder onderskeid van klas

**Es más, apelan a la sociedad en general con preferencia a la
clase dominante**

nee, hulle doen 'n beroep op die samelewing in die algemeen
deur voorkeur vir die heersersklas

**Para ellos, todo lo que se requiere es que los demás
entiendan su sistema**

Vir hulle is al wat dit vereis dat ander hul stelsel verstaan

**Porque, ¿cómo puede la gente no ver que el mejor plan
posible es para el mejor estado posible de la sociedad?**

Want hoe kan mense nie sien dat die beste moontlike plan vir
die beste moontlike toestand van die samelewing is nie?

**Por lo tanto, rechazan toda acción política, y especialmente
toda acción revolucionaria**

Daarom verwerp hulle alle politieke, en veral alle
revolusionêre, optrede

desean alcanzar sus fines por medios pacíficos

hulle wil hul doelwitte op vreedsame wyse bereik

se esfuerzan, mediante pequeños experimentos, que están necesariamente condenados al fracaso

hulle poging, deur klein eksperimente, wat noodwendig tot mislukking gedoem is

y con la fuerza del ejemplo tratan de abrir el camino al nuevo Evangelio social

en deur die krag van die voorbeeld probeer hulle die weg baan vir die nuwe sosiale Evangelie

Cuadros tan fantásticos de la sociedad futura, pintados en un momento en que el proletariado se encuentra todavía en un estado muy subdesarrollado

Sulke fantastiese prente van die toekomstige samelewing, geskilder in 'n tyd waarin die proletariaat nog in 'n baie onontwikkelde toestand is

y todavía no tiene más que una concepción fantástica de su propia posición

en dit het nog steeds net 'n fantastiese opvatting van sy eie posisie

pero sus primeros anhelos instintivos corresponden a los anhelos del proletariado

maar hul eerste instinktiewe verlange stem ooreen met die verlange van die proletariaat

Ambos anhelan una reconstrucción general de la sociedad

Albei smag na 'n algemene heropbou van die samelewing

Pero estas publicaciones socialistas y comunistas también contienen un elemento crítico

Maar hierdie sosialistiese en kommunistiese publikasies bevat ook 'n kritieke element

Atacan todos los principios de la sociedad existente

Hulle val elke beginsel van die bestaande samelewing aan

De ahí que estén llenos de los materiales más valiosos para la ilustración de la clase obrera

Daarom is hulle vol van die waardevolste materiaal vir die verligting van die werkersklas

Proponen la abolición de la distinción entre la ciudad y el campo, y la familia

hulle stel voor dat die onderskeid tussen stad en platteland en die gesin afgeskaff word

la supresión de la explotación de industrias por cuenta de los particulares

die afskaffing van die bedryf van nywerhede vir rekening van privaat individue

y la abolición del sistema salarial y la proclamación de la armonía social

en die afskaffing van die loonstelsel en die proklamasie van sosiale harmonie

la conversión de las funciones del Estado en una mera superintendencia de la producción

die omskakeling van die funksies van die staat in 'n blote toesig oor produksie

Todas estas propuestas, apuntan únicamente a la desaparición de los antagonismos de clase

Al hierdie voorstelle dui slegs op die verdwyning van klasse-antagonismes

Los antagonismos de clase estaban, en ese momento, apenas surgiendo

Klasse-antagonismes het destyds net opgeduik

En estas publicaciones estos antagonismos de clase se reconocen sólo en sus formas más tempranas, indistintas e indefinidas

In hierdie publikasies word hierdie klasse-antagonismes slegs in hul vroegste, onduidelike en ongedefinieerde vorme erken

Estas propuestas, por lo tanto, son de carácter puramente utópico

Hierdie voorstelle is dus van 'n suiwer utopiese karakter

La importancia del socialismo crítico-utópico y del comunismo guarda una relación inversa con el desarrollo histórico

Die betekenis van krities-utopiese sosialisme en kommunisme hou 'n omgekeerde verband met historiese ontwikkeling

La lucha de clases moderna se desarrollará y continuará tomando forma definitiva

Die moderne klassestryd sal ontwikkel en voortgaan om definitiewe vorm aan te neem

Esta fantástica posición del concurso perderá todo valor práctico

Hierdie fantastiese posisie van die kompetisie sal alle praktiese waarde verloor

Estos fantásticos ataques a los antagonismos de clase perderán toda justificación teórica

Hierdie fantastiese aanvalle op klasse-antagonismes sal alle teoretiese regverdiging verloor

Los creadores de estos sistemas fueron, en muchos aspectos, revolucionarios

Die skeppers van hierdie stelsels was in baie opsigte revolusionêr

pero sus discípulos han formado, en todos los casos, meras sectas reaccionarias

maar hulle dissipels het in elke geval blote reaksionêre sektes gevorm

Se aferran firmemente a los puntos de vista originales de sus amos

Hulle hou styf vas aan die oorspronklike sienings van hul meesters

Pero estos puntos de vista se oponen al desarrollo histórico progresivo del proletariado

maar hierdie sienings is in teenstelling met die progressiewe historiese ontwikkeling van die proletariaat

Por lo tanto, se esfuerzan, y eso de manera consecuente, por amortiguar la lucha de clases

Hulle poog dus, en dit konsekwent, om die klassestryd dood te maak

y se esfuerzan constantemente por reconciliar los antagonismos de clase

en hulle poog deurgaans om die klasse-antagonismes te versoen

Todavía sueñan con la realización experimental de sus utopías sociales

Hulle droom steeds van eksperimentele verwesenliking van
hul sosiale Utopieë

**todavía sueñan con fundar "falansterios" aislados y
establecer "colonias domésticas"**

hulle droom steeds daarvan om geïsoleerde "phalansteres" te
stig en "Home Colonies" te stig

**sueñan con establecer una "Pequeña Icaria": ediciones
duodécimas de la Nueva Jerusalén**

hulle droom daarvan om 'n "Klein Icaria" op te rig -
duodecimo-uitgawes van die Nuwe Jerusalem

y sueñan con realizar todos estos castillos en el aire

en hulle droom om al hierdie kastele in die lug te verwesenlik

**se ven obligados a apelar a los sentimientos y a las carteras
de los burgueses**

hulle is verplig om 'n beroep op die gevoelens en beursies van
die bourgeois te doen

**Poco a poco se hunden en la categoría de los socialistas
conservadores reaccionarios descritos anteriormente**

Geleidelik sink hulle in die kategorie van die reaksionêre
konserwatiewe sosialiste wat hierbo uitgebeeld word

**sólo se diferencian de ellos por una pedantería más
sistemática**

hulle verskil slegs van hierdie deur meer sistematiese
pedanterie

**y se diferencian por su creencia fanática y supersticiosa en
los efectos milagrosos de su ciencia social**

en hulle verskil deur hul fanatiese en bygelowige geloof in die
wonderbaarlike gevolge van hul sosiale wetenskap

**Por lo tanto, se oponen violentamente a toda acción política
por parte de la clase obrera**

Hulle staan dus gewelddadig alle politieke optrede van die
werkersklas teë

**tal acción, según ellos, sólo puede ser el resultado de una
ciega incredulidad en el nuevo Evangelio**

sulke optrede kan volgens hulle slegs die gevolg wees van
blinde ongeloof in die nuwe Evangelie

Los owenistas en Inglaterra y los fourieristas en Francia, respectivamente, se oponen a los cartistas y a los reformistas
Die Oweniete in Engeland, en die Fourieriste in Frankryk, onderskeidelik, staan die Chartiste en die "Réformistes" teë

Posición de los comunistas en relación con los diversos partidos de oposición existentes

Posisie van die kommuniste in verhouding tot die verskillende bestaande opposisiepartye

La sección II ha dejado claras las relaciones de los comunistas con los partidos obreros existentes

Afdeling II het die verhoudings van die kommuniste met die bestaande werkersklaspartye duidelik gemaak

como los cartistas en Inglaterra y los reformadores agrarios en América

soos die Chartiste in Engeland, en die Agrariese Hervormers in Amerika

Los comunistas luchan por el logro de los objetivos inmediatos

Die Kommuniste veg vir die bereiking van die onmiddellike doelwitte

Luchan por la imposición de los intereses momentáneos de la clase obrera

hulle veg vir die afdwinging van die kortstondige belange van die werkersklas

Pero en el movimiento político del presente, también representan y cuidan el futuro de ese movimiento

Maar in die politieke beweging van die hede verteenwoordig en sorg hulle ook vir die toekoms van daardie beweging

En Francia, los comunistas se alían con los socialdemócratas

In Frankryk verbind die Kommuniste hulself met die Sosiaal-Demokrate

y se posicionan contra la burguesía conservadora y radical

en hulle posisioneer hulself teen die konserwatiewe en radikale bourgeoisie

sin embargo, se reservan el derecho de tomar una posición crítica respecto de las frases e ilusiones tradicionalmente transmitidas desde la gran Revolución

hulle behou egter die reg voor om 'n kritiese standpunt in te neem ten opsigte van frases en illusies wat tradisioneel van die groot rewolusie oorgedra is

En Suiza apoyan a los radicales, sin perder de vista que este partido está formado por elementos antagónicos

In Switserland ondersteun hulle die Radikale, sonder om uit die oog te verloor dat hierdie party uit antagonistiese elemente bestaan

en parte de los socialistas democráticos, en el sentido francés, en parte de la burguesía radical

deels van Demokratiese Sosialiste, in die Franse sin, deels van radikale bourgeoisie

En Polonia apoyan al partido que insiste en la revolución agraria como condición primordial para la emancipación nacional

In Pole ondersteun hulle die party wat aandring op 'n agrariese revolusie as die belangrikste voorwaarde vir nasionale emansipasie

el partido que fomentó la insurrección de Cracovia en 1846

daardie party wat die opstand van Krakau in 1846 aangevuur het

En Alemania luchan con la burguesía cada vez que ésta actúa de manera revolucionaria

In Duitsland veg hulle met die bourgeoisie wanneer dit op 'n revolusionêre manier optree

contra la monarquía absoluta, la nobleza feudal y la pequeña burguesía

teen die absolute monargie, die feodale squirearchy en die kleinburgery

Pero no cesan, ni por un solo instante, de inculcar en la clase obrera una idea particular

Maar hulle hou nooit op om vir 'n enkele oomblik een spesifieke idee in die werkersklas in te boesem nie

el reconocimiento más claro posible del antagonismo hostil entre la burguesía y el proletariado

die duidelikste moontlike erkenning van die vyandige antagonisme tussen bourgeoisie en proletariaat

para que los obreros alemanes puedan utilizar inmediatamente las armas de que disponen

sodat die Duitse werkers dadelik die wapens tot hul beskikking kan gebruik

las condiciones sociales y políticas que la burguesía debe introducir necesariamente junto con su supremacía

die sosiale en politieke toestande wat die bourgeoisie noodwendig saam met sy oppergesag moet instel

la caída de las clases reaccionarias en Alemania es inevitable

die val van die reaksionêre klasse in Duitsland is onvermydelik

y entonces la lucha contra la burguesía misma puede comenzar inmediatamente

en dan kan die stryd teen die bourgeoisie self onmiddellik begin

Los comunistas dirigen su atención principalmente a Alemania, porque este país está en vísperas de una revolución burguesa

Die Kommuniste vestig hul aandag hoofsaaklik op Duitsland, want daardie land is op die vooraand van 'n bourgeoisie-rewolusie

una revolución que está destinada a llevarse a cabo en las condiciones más avanzadas de la civilización europea

'n rewolusie wat sekerlik onder meer gevorderde toestande van die Europese beskawing uitgevoer sal word

y está destinado a llevarse a cabo con un proletariado mucho más desarrollado

en dit sal beslis uitgevoer word met 'n baie meer ontwikkelde proletariaat

un proletariado más avanzado que el de Inglaterra en el XVII y el de Francia en el siglo XVIII

'n proletariaat wat meer gevorderd was as dié van Engeland in die sewentiende en van Frankryk in die agtiende eeu

y porque la revolución burguesa en Alemania no será más
que el preludio de una revolución proletaria
inmediatamente posterior

en omdat die bourgeoisie-rewolusie in Duitsland maar die
voorspel sal wees tot 'n onmiddellik daaropvolgende
proletariese rewolusie

En resumen, los comunistas apoyan en todas partes todo
movimiento revolucionario contra el orden social y político
existente

Kortom, die Kommuniste ondersteun oral elke revolusionêre
beweging teen die bestaande sosiale en politieke orde van
dinge

En todos estos movimientos ponen en primer plano, como
cuestión principal en cada uno de ellos, la cuestión de la
propiedad

In al hierdie bewegings bring hulle die eiendomskwessie na
vore, as die leidende vraag in elkeen,

no importa cuál sea su grado de desarrollo en ese país en ese
momento

maak nie saak wat die mate van ontwikkeling destyds in
daardie land is nie

Finalmente, trabajan en todas partes por la unión y el
acuerdo de los partidos democráticos de todos los países

Laastens werk hulle oral vir die unie en ooreenkoms van die
demokratiese partye van alle lande

Los comunistas desdeñan ocultar sus puntos de vista y sus
objetivos

Die Kommuniste minag om hul sienings en doelwitte te
verberg

Declaran abiertamente que sus fines sólo pueden alcanzarse
mediante el derrocamiento por la fuerza de todas las
condiciones sociales existentes

Hulle verklaar openlik dat hul doelwitte slegs bereik kan
word deur die gewelddadige omverwerping van alle
bestaande sosiale toestande

Que las clases dominantes tiemblen ante una revolución comunista

Laat die heersende klasse bewe vir 'n kommunistiese rewolusie

Los proletarios no tienen nada que perder más que sus cadenas

Die proletariërs het niks om te verloor nie, behalwe hul kettings

Tienen un mundo que ganar

Hulle het 'n wêreld om te wen

¡TRABAJADORES DE TODOS LOS PAÍSES, UNÍOS!

WERKENDE MANNE VAN ALLE LANDE, VERENIG!